CURSO DE LEGISLAÇÃO SOCIAL

Durante o processo de edição desta obra, foram tomados todos os cuidados para assegurar a publicação de informações técnicas, precisas e atualizadas conforme lei, normas e regras de órgãos de classe aplicáveis à matéria, incluindo códigos de ética, bem como sobre práticas geralmente aceitas pela comunidade acadêmica e/ou técnica, segundo a experiência do autor da obra, pesquisa científica e dados existentes até a data da publicação. As linhas de pesquisa ou de argumentação do autor, assim como suas opiniões, não são necessariamente as da Editora, de modo que esta não pode ser responsabilizada por quaisquer erros ou omissões desta obra que sirvam de apoio à prática profissional do leitor.

Do mesmo modo, foram empregados todos os esforços para garantir a proteção dos direitos de autor envolvidos na obra, inclusive quanto às obras de terceiros e imagens e ilustrações aqui reproduzidas. Caso algum autor se sinta prejudicado, favor entrar em contato com a Editora.

Finalmente, cabe orientar o leitor que a citação de passagens da obra com o objetivo de debate ou exemplificação ou ainda a reprodução de pequenos trechos da obra para uso privado, sem intuito comercial e desde que não prejudique a normal exploração da obra, são, por um lado, permitidas pela Lei de Direitos Autorais, art. 46, incisos II e III. Por outro, a mesma Lei de Direitos Autorais, no art. 29, incisos I, VI e VII, proíbe a reprodução parcial ou integral desta obra, sem prévia autorização, para uso coletivo, bem como o compartilhamento indiscriminado de cópias não autorizadas, inclusive em grupos de grande audiência em redes sociais e aplicativos de mensagens instantâneas. Essa prática prejudica a normal exploração da obra pelo seu autor, ameaçando a edição técnica e universitária de livros científicos e didáticos e a produção de novas obras de qualquer autor.

CURSO DE LEGISLAÇÃO SOCIAL
Direito do trabalho
15ª edição

Domingos Sávio Zainaghi

Copyright © Editora Manole Ltda., 2021 por meio de contrato com o autor

Editor gestor: Walter Luiz Coutinho
Editora responsável: Sônia Midori Fujiyoshi
Projeto gráfico: Departamento Editorial da Editora Manole
Capa: Ricardo Yoshiaki Nitta Rodrigues

CIP-BRASIL. CATALOGAÇÃO NA PUBLICAÇÃO
SINDICATO NACIONAL DOS EDITORES DE LIVROS, RJ

Z24c
15. ed.

    Zainaghi, Domingos Sávio
        Curso de legislação social : direito do trabalho/Domingos Sávio Zainaghi. – 15.ed. – Barueri [SP]: Manole, 2021.

    Inclui bibliografia e índice
    ISBN 978-65-5576-002-6

    1. Direito do trabalho - Brasil. 2. Legislação social - Brasil. I. Título.

20-65769
                                          CDU: 349.2(81)

        Meri Gleice Rodrigues de Souza – Bibliotecária – CRB-7/6439

Todos os direitos reservados.
Nenhuma parte deste livro poderá ser reproduzida,
por qualquer processo, sem a permissão expressa dos editores.
É proibida a reprodução por xerox.

A Editora Manole é filiada à ABDR – Associação Brasileira
de Direitos Reprográficos

15ª edição – 2021

Editora Manole Ltda.
Av. Ceci, 672 – Tamboré
06460-120 – Barueri – SP – Brasil
Tel.: (11) 4196-6000
www.manole.com.br
https://atendimento.manole.com.br/

Impresso no Brasil
Printed in Brazil

Sobre o autor

DOMINGOS SÁVIO ZAINAGHI

Doutor e mestre em Direito do Trabalho pela Pontifícia Universidade Católica de São Paulo (PUC/SP). Pós-doutorado em Direito do Trabalho pela Universidad de Castilla-La Mancha, Espanha. Pós-graduado em Comunicação Jornalística pela Faculdade Cásper Líbero. Pós-graduando em História, Filosofia e Sociologia pela Pontifícia Universidade Católica do Rio Grande do Sul (PUC/RS). Presidente honorário da Asociación Iberoamericana de Derecho del Trabajo y de la Seguridad Social e do Instituto Iberoamericano de Derecho Deportivo. Membro da Academia Paulista de Direito e da Academia Nacional de Direito Desportivo. Professor *Honoris Causa* da Universidad Paulo Freire, Nicarágua. Professor do curso de mestrado da Universidad Autónoma Gabriel René Moreno, Santa Cruz de la Sierra, Bolívia. Advogado.

Sumário

Sobre o autor... V
Prefácio da 1ª edição..IX
Nota à 15ª edição...XI
Notas das edições anteriores..XIII

capítulo 1 – Introdução ao estudo da legislação social 1

capítulo 2 – Escorço histórico do direito do trabalho 4

capítulo 3 – Princípios de direito do trabalho 11

capítulo 4 – Fontes, aplicação e interpretação do direito do trabalho 18

capítulo 5 – O empregado 28

capítulo 6 – O empregador 41

capítulo 7 – Contrato de trabalho 50

capítulo 8 – Remuneração e salário 66

capítulo 9 – Repouso semanal remunerado 73

capítulo 10 – Férias anuais remuneradas........................... 77

capítulo 11 – Fundo de Garantia do Tempo de Serviço e estabilidade 82

capítulo 12 – Alteração do contrato de trabalho 90

capítulo 13 – Suspensão e interrupção do contrato de trabalho 94

capítulo 14 – Terminação do contrato de trabalho 99

capítulo 15 – Normas especiais de proteção ao trabalho 107

capítulo 16 – Aviso-prévio 117

capítulo 17 – Proteção ao trabalho da mulher, da criança e do adolescente . . . 120

capítulo 18 – Segurança e medicina do trabalho 129

capítulo 19 – Direito coletivo do trabalho 135

capítulo 20 – Direito de greve 146

capítulo 21 – Justiça do Trabalho 151

capítulo 22 – Prescrição 160

capítulo 23 – Seguridade social 163

capítulo 24 – Normas trabalhistas no período da COVID-19 173

Bibliografia 177

Índice remissivo 179

Prefácio da 1ª edição

O professor Domingos Sávio Zainaghi afirma na apresentação que escreveu este livro para os alunos dos cursos não jurídicos (administração de empresas, ciências contábeis, economia etc.), em que a disciplina Legislação Social é obrigatória.

Seu *Curso de legislação social* preenche perfeitamente sua finalidade principal, pois é didático, objetivo e enfoca as principais questões jurídicas a serem examinadas por esses futuros profissionais, dentro de suas respectivas especializações.

Esse caráter sintético e profissionalizante do livro não significa que o professor Domingos Sávio Zainaghi tenha examinado superficialmente os conceitos dos institutos jurídicos. Ao contrário, seu poder de objetividade em nada prejudica a profundidade de sua análise jurídica, refletida ao longo de sua atividade profissional, bem como no curso de pós-graduação da Pontifícia Universidade Católica de São Paulo, onde conquistou com galhardia seu título de Mestre.

Portanto, o *Curso de legislação social* amplia seus horizontes, constituindo-se, na verdade, em mais uma publicação importante na bibliografia sobre o Direito do Trabalho.

Renato Rua de Almeida
Professor dos cursos de graduação e
pós-graduação em Direito do Trabalho da
Pontifícia Universidade Católica de São Paulo

Nota à 15ª edição

Após 14 edições deste livro, resolvemos fazer sua publicação em nova editora, a Manole, onde já temos a *CLT interpretada*, sob nossa coordenação, que é um grande sucesso no meio jurídico trabalhista.

Esta nova edição foi atualizada com base nas leis que alteraram profundamente a legislação trabalhista, o que se convencionou chamar de Reforma Trabalhista.

Este livro teve como meta, inicialmente, alcançar os estudantes dos cursos de administração de empresas, economia, comércio exterior e ciências contábeis, pois é fruto do exercício de quase nove anos de magistério da disciplina Legislação Social para tais discentes.

Buscamos escrever um livro simples, sem a preocupação de alcançar os doutos, mas sim o aluno que inicia seu contato com o Direito do Trabalho.

Para nossa surpresa e alegria, os alunos dos cursos de Direito passaram a adquirir o livro, e nós, e outros professores, passamos a indicá-lo como leitura inicial para os acadêmicos, para depois se aprofundarem nos seus estudos do Direito do Trabalho.

Mesmo assim, mantivemos nosso propósito de apresentar uma obra simples e objetiva, e mesmo com as mudanças no Direito do Trabalho, o livro continua sua missão de levar conhecimento do Direito do Trabalho aos iniciantes.

Uma nova editora nos entusiasmou sobremaneira a produzir esta nova edição.

Esperamos que nosso trabalho continue a servir alunos e professores, ficando consignados nossos agradecimentos a estes pelo sucesso que a obra alcançou.

Sigamos juntos por esse caminho, com a companhia de Deus e das pessoas de boa vontade.

Nosso intuito continua o mesmo de sempre, o de servir.

O Autor
zainaghi@zainaghi.com

Notas das edições anteriores

NOTA DA 14ª EDIÇÃO

Esta 14ª edição traz as recentes alterações ocorridas no Direito do Trabalho nos últimos dois anos.

O Direito do Trabalho está em constante mutação, como consequência das mudanças sociais e, ainda, nas relações entre capital e trabalho.

Buscamos atualizar ao máximo este livro, trazendo novos capítulos e coadunando os anteriores às novas já citadas mudanças, tanto legislativas quanto as da jurisprudência, fonte importante do Direito do Trabalho.

Mesmo com as alterações que ora se apresentam, este nosso trabalho, como ocorre desde a primeira edição, é escrito com linguagem simples e direta, pois seu público-alvo não é somente o aluno dos cursos de Direito, mas, antes, os acadêmicos das áreas da Administração de Empresas, Ciências Contábeis, Comércio Exterior e outras carreiras que tenham o Direito do Trabalho como disciplina na grade curricular.

Incluímos um novo capítulo sobre Seguridade Social, irmão siamês do Direito do Trabalho, ambos frutos da Revolução Industrial e do descaso do Estado Liberal para com os hipossuficientes.

Esta edição tem grande importância para mim, porque no ano de 2013, a obra completou vinte anos de sua primeira edição (dezembro de 1993), e suas sucessivas edições mostram-nos a utilidade que tem para seu público-alvo.

Como sempre fazemos, deixamos consignados nossos agradecimentos aos que se utilizam deste nosso trabalho; aos professores, aos alunos e a outros profissionais que nos honram com a adoção e aquisição da obra, razão única de nosso empenho em atualizá-la e publicá-la durante estes anos.

O Autor
zainaghi@zainaghi.com.com.br

NOTA DA 13ª EDIÇÃO

A edição anterior teve algumas reimpressões, pela total falta de tempo de nossa parte em atualizar esta obra.

Nestes últimos anos, o Direito do Trabalho brasileiro sofreu grandes alterações, que nos obrigaram a trabalhar nesta nova edição, para que o leitor tenha o livro atualizado.

Como já disse antes, este é o trabalho que mais gosto, dentre os que escrevi.

Trata-se de um livro que surgiu da minha experiência inicial no magistério superior junto aos cursos de administração de empresas, comércio exterior e ciências contábeis, nas Faculdades Tibiriçá, minha grande escola no magistério superior.

Após as primeiras edições, e já lecionando em cursos de Direito, resolvemos melhorar o trabalho para que os alunos de tais cursos também pudessem utilizar a obra como livro de apoio ou de contato inicial com o Direito do Trabalho.

Mais uma vez, e como sempre, agradeço aos alunos e aos professores que utilizam este nosso trabalho e nos dão relevantes sugestões para o aprimoramento da obra.

O Autor
www.zainaghi.com.br

NOTA DA 12ª EDIÇÃO

De todos os meus trabalhos, este é o que me dá mais satisfação, devido à sua utilidade e aceitação no meio acadêmico, o que se comprova com esta 12ª edição.

Nos últimos anos não atualizei o livro, razão pela qual a 11ª edição teve mais duas tiragens.

Agora, devido às recentes alterações na legislação trabalhista, esta edição está atualizada, mas continua um trabalho simples, com linguagem simples e objetiva.

Fico feliz, também, pelo fato de que escrevi este trabalho para alunos de cursos não jurídicos, mas tem o mesmo sido aceito por estudantes de direito, apesar de ser um livro simples.

Como sempre, agradeço aos alunos e professores que se utilizam deste livro, os quais são os responsáveis pelo sucesso do mesmo.

A todos, os meus sinceros agradecimentos.

O Autor
www.zainaghi.adv.br

NOTA DA 11ª EDIÇÃO

Há pouco mais de doze anos lançávamos a 1ª edição desta obra, logo após a conclusão de nosso mestrado em Direito do Trabalho pela PUC-SP.

Nossa vida profissional sofreu grandes alterações neste período. Obtivemos os títulos de doutor, pós-doutor; escrevemos outros livros, dezenas de artigos; ministramos dezenas de palestras e centenas de aulas em vários locais do Brasil e da América Latina.

É com alegria, honra, mas, sobretudo, com humildade, que vemos este nosso livro alcançar a marca de dez edições esgotadas.

O *Curso de legislação social* foi crescendo aos poucos, tanto em capítulos quanto em páginas, e reflete o nosso amadurecimento intelectual.

Ficam aqui consignados, como sempre, nossos profundos e sinceros agradecimentos a alunos e professores que se utilizam deste trabalho, únicos destinatários da obra, pois nosso intuito, sempre, é o de servir.

O Autor

NOTA DA 10ª EDIÇÃO

É com grande alegria que apresentamos a 10ª edição deste nosso *Curso de legislação social*.

Sinceramente, quando o lançamos em sua 1ª edição, em dezembro de 1993, não imaginávamos que um dia publicaríamos uma 10ª edição.

A acolhida que este nosso trabalho teve junto aos cursos não jurídicos, e até mesmo nos cursos de Direito, nos dá grande satisfação e a sensação de dever cumprido e de alguma maneira poder ser útil ao próximo.

Esta 10ª edição não teria acontecido se não fossem os colegas professores que adotam o livro e, sobretudo, os alunos que o utilizam, e todos os que se comunicam conosco fazendo críticas e dando sugestões, as quais, sempre que possível, acolho e apresento na edição seguinte.

Dedico, pois, esta 10ª edição a todos os que se utilizam deste livro.

Muito obrigado.

O Autor

NOTA DA 9ª EDIÇÃO

O Direito do Trabalho vive em constante mutação. Nesta nova edição, procuramos trazer as alterações recentes ocorridas no Direito Laboral, mas mantendo a linguagem simples, o que já se tornou tradição desta obra.

Agradeço, como sempre, aos colegas professores que adotam este nosso livro, e principalmente pelas contribuições e sugestões que me enviam.

O Autor

NOTA DA 8ª EDIÇÃO

O Direito do Trabalho sofre constantes alterações.

A cada nova edição, faz-se necessária a alteração de vários capítulos deste livro.

Procuramos trazer sempre as principais alterações, sem, contudo, perder de vista o caráter prático e objetivo da obra.

Nunca será demais consignar nossos agradecimentos aos que se utilizam deste nosso trabalho, principalmente pelas críticas e sugestões recebidas de estudantes e professores.

O Autor

NOTA DA 7ª EDIÇÃO

A cada nova edição esgotada deste livro, nossa alegria é grande, não pelo simples fato da venda dos exemplares, mas da aceitação que o trabalho tem junto a estudantes e aos colegas professores.

Continuamos mantendo o caráter de livro simples e objetivo, mas com atenção para, a cada nova edição, trazer as alterações que ocorrem no Direito do Trabalho.

Nesta, por exemplo, já alteramos o capítulo sobre a suspensão e interrupção do Contrato de Trabalho e o referente à prescrição, a qual teve significativa e importante mudança em razão da Emenda Constitucional n. 28.

Esta edição é lançada no ano em que meu pai, Orlando Zainaghi, completa 70 anos de idade, e por isso é dedicada a ele, como singela homenagem e agradecimento, ainda que insuficiente, por tudo que fez – e faz – por este autor.

Mais uma vez, nossos agradecimentos a todos que se utilizam deste livro.

O Autor

NOTA DA 5ª EDIÇÃO

Este livro é motivo de grande alegria para nós, uma vez que suas últimas edições esgotaram-se rapidamente.

A alegria deve-se ao fato de que nosso trabalho está sendo útil, já que este é o único motivo que nos impulsiona na vida acadêmica.

Tendo em vista as constantes alterações no Direito do Trabalho, tentamos trazer esta edição atualizada, além de incluir um novo capítulo sobre prescrição.

Esta quinta edição é carinhosamente dedicada a Orlando Zainaghi, meu pai; a Orlando Jr., Maria Cristina e Walter Benedito, meus irmãos.

Nunca é demais renovar nossa gratidão aos que se utilizam deste livro e pelas sugestões que temos recebido, sobretudo dos colegas professores e de nossos alunos.

Muito obrigado.

O Autor

NOTA DA 4ª EDIÇÃO

Feliz por ver esgotada a 3ª edição em um ano, apresento agora esta 4ª acrescida de algumas modificações, em virtude das alterações que ocorreram no Direito do Trabalho recentemente, além de incluirmos alguns itens e capítulos novos.

Peço licença ao leitor para dedicar esta 4ª edição à minha mãe, Guiomar da Silva Castro Zainaghi, como singela homenagem a seus 70 anos de vida, completados em outubro de 1998, e por ter sido ela uma das responsáveis pelo caminho por mim trilhado, ou seja, o do estudo como meio de se "ganhar a vida" e de servir ao próximo.

Muito obrigado a todos os que se utilizam deste trabalho.

O Autor

NOTA DA 2ª EDIÇÃO

Este livro continua simples. Nesta segunda edição, revisamos alguns pontos da primeira, mas mantivemos a obra em sua base.

Ainda que tentados a ampliar este trabalho, contivemos nosso ímpeto, pois poderia o livro perder sua finalidade, ou seja, a de ser um manual simples de Legislação Social, que dá ao leitor iniciante noções elementares da disciplina.

Queremos externar aqui nossos sinceros e profundos agradecimentos aos alunos e aos colegas professores que utilizaram o livro em sua primeira edição, cujas críticas e elogios muito nos honraram, fazendo com que nos sentíssemos recompensados.

O Autor

NOTA DA 1ª EDIÇÃO

Este é um livro simples. Ele é dirigido aos estudantes dos cursos de administração de empresas, ciências contábeis, comércio exterior, e outros que tenham a disciplina Legislação Social em seus currículos.

Na verdade, o presente trabalho é fruto de oito anos de magistério da disciplina Legislação Social.

Durante esses oito anos percebemos que os alunos de cursos não jurídicos têm enorme dificuldade em assimilar os conhecimentos de uma disciplina jurídica. Falta-lhes a base que aos alunos de direito é fornecida por disciplinas específicas. Diríamos que lhes falta, antes de mais nada, a predisposição em estudar o Direito, pois os alunos dos mencionados cursos procuram obter habilitação em profissões não voltadas às carreiras jurídicas.

Várias vezes adentramos às salas de aula após terem os alunos estudado matemática ou outra disciplina da área das ciências exatas.

Sempre os alunos nos cobraram a adoção de livros que os auxiliassem em seus estudos de Legislação Social.

Nós adotamos alguns livros, mas percebemos que os alunos sempre tiveram dificuldades em compreender os termos técnico-jurídicos que compunham tais obras.

Por isso é que resolvemos escrever este livro. Tentamos empregar linguagem simples, sem, contudo, perder de vista a seriedade inerente a um trabalho desta espécie.

Àqueles que pretendam aprofundar-se no estudo do direito do trabalho, encontrarão na bibliografia por nós indicada, no final, um manancial perfeito.

Um único propósito perseguiu-nos durante a elaboração deste trabalho: o de sermos úteis à comunidade. Esperamos ter conseguido nosso objetivo.

O Autor

CAPÍTULO 1

Introdução ao estudo da legislação social

O TERMO LEGISLAÇÃO SOCIAL

No início do enquadramento jurídico das relações de trabalho, estas eram estudadas pelo direito civil. Com o desenvolvimento do tema *trabalho*, este desprende-se daquele ramo da ciência jurídica, sendo imperativa a criação de uma disciplina própria para agasalhar seu estudo.

Pela Lei paulista n. 3.023, de 15.07.1937, foi a disciplina sobre trabalho denominada legislação social. Após, em virtude da Lei federal n. 2.724, de 09.02.1956, mudou-se a nomenclatura para legislação do trabalho.

O Decreto-lei n. 1.237, de 02.05.1939, que instituiu a Justiça do Trabalho, refere-se logo em seu art. 1º à legislação social.

Com o passar dos anos esta disciplina ganhou várias denominações, como direito social, direito operário, direito sindical e direito do trabalho.

Nos cursos jurídicos, a denominação da disciplina é direito do trabalho, isso desde 1956, por força de lei federal. Nos cursos de administração de empresas, ciências contábeis, comércio exterior e outros, manteve-se o nome legislação social.

Portanto, na disciplina legislação social é estudado o direito do trabalho.

CONCEITO

Legislação social ou direito do trabalho é o ramo da ciência jurídica em que são estudados os princípios e normas relativos à relação de emprego.

CAMPO DE ATUAÇÃO

O campo de atuação da legislação social é o trabalho subordinado, não se estudando o funcionário público, o qual interessa ao direito administrativo, nem o trabalho autônomo, que é regido pelas leis civis.

POSIÇÃO DA LEGISLAÇÃO SOCIAL NO CAMPO DO DIREITO

O direito do trabalho é ramo do direito privado, uma vez que é ele descendente do direito civil.

Não obstante pertencer ao campo do direito privado, o direito do trabalho trata de algumas normas de direito público, por exemplo, o administrativo, quando a CLT trata das multas aplicáveis às empresas que descumprem normas trabalhistas, o direito processual, que é um direito público, mas o importante é que em sua parte principal, o direito material, é direito privado.

RELAÇÃO DA LEGISLAÇÃO SOCIAL COM OUTROS RAMOS DO DIREITO E COM OUTRAS ÁREAS DE CONHECIMENTO

A legislação social relaciona-se com os demais ramos do Direito.

Com o direito constitucional sua relação é bem próxima, já que a Constituição é a principal norma jurídica de um país. No caso do Brasil, a atual Carta Política traz um elenco muito grande de normas trabalhistas, estando elas basicamente nos arts. 7º a 11.

Com o direito civil o relacionamento é histórico, já que a legislação social é descendente deste ramo da ciência jurídica, além do que muitos artigos do Código Civil têm aplicação nas relações de trabalho, o que é autorizado pela CLT em seu art. 8º.

O direito internacional tem, também, grande relação com a legislação social. Basta citarmos a Organização Internacional do Trabalho – OIT para se ter uma ideia da importância das normas internacionais com influência no direito do trabalho de cada país.

Assim, podemos afirmar que a legislação social interage com o direito comercial, o penal, o tributário e o processual.

Com o direito comercial, sua relação é histórica também. O direito comercial é um dos exemplos mais claros de especialização de um ramo da ciência jurídica.

De relações meramente mercantis, em que a mercadoria era o centro (*ius mercatorum*), passou-se às relações empresariais, ou seja, para um comércio massificado.

O direito comercial influenciou o direito do trabalho com institutos como acidentes do trabalho, aviso-prévio, justas causas etc.

Hoje em dia, o interesse se dá em razão da penhora de bens dos sócios e nas ações de recuperação judicial.

Com o direito penal, a relação se dá nos crimes contra a administração do trabalho, falta ou anotação falsa na CTPS do empregado, nas justas causas previstas nas alíneas *a* e *d* do art. 482 da CLT, falsidade ideológica e também no caso dos crimes de falso testemunho.

Com outras áreas do conhecimento humano há, também, forte relacionamento da legislação social. As principais são Sociologia, Medicina, Economia, Contabilidade, Administração de Empresas (neste as funções de recursos humanos) e até Engenharia.

CAPÍTULO 2

Escorço histórico do direito do trabalho

HISTÓRIA MUNDIAL

Independentemente da crença em que cada pessoa professe, indiscutivelmente, nos primórdios da civilização nada existia. Todas as obras, móveis e imóveis que temos hoje, foram construídos por meio do trabalho humano.

A primeira forma de trabalho que o estudo da história da humanidade nos mostra é a escravidão. Esta consistia na execução de serviços por pessoas subjugadas por outras, a qual podia ocorrer em virtude de conquista de um povo por outro, como forma de pagamento de dívidas e pelo nascimento, ou seja, ser filho de escravos.

Nas *Institutas* de Justiniano, afirmava-se que "os escravos nascem ou são feitos".

O trabalho escravo foi o grande responsável pelo impulso inicial da humanidade. O escravo não era tido como pessoa, mas como *coisa*, uma vez que podia ser vendido ou trocado. Comte afirmava que a escravidão fora importante para o progresso da humanidade, e até mesmo um avanço na civilização, pois sucedeu à antropofagia ou à imolação dos prisioneiros.

No mundo clássico, afirma-se que em Atenas um terço da população foi escrava. Entende-se, também, que na *polis* a escravidão era tão característica dessa época como hoje é o sistema do assalariado.

Ademais, Roma edificou-se com a escravidão.

Nunca é demais lembrar que Aristóteles justificava a escravidão, afirmando que:

quem pode usar o seu espírito para prever é naturalmente um comandante e naturalmente um senhor, e quem pode usar o seu corpo para prover é comandado e naturalmente escravo; o senhor e o escravo tem o mesmo interesse.

O trabalho escravo tinha como características ser socialmente produtivo, prestado por conta alheia (alheabilidade), ou seja, o fruto do trabalho do escravo não lhe pertencia, mas, sim, ao seu dono. O trabalho era forçado, isto é, não havia a liberdade de escolha do que, aquém e quando, prestar o serviço.

Após o período da escravidão surge a servidão.

A transição da escravidão para a servidão é de grande complexidade, pois paulatinamente o trabalhador escravo, objeto de direito, passa a ser sujeito de direito.

O surgimento do Cristianismo ajudou muito nessa fase de transição, com suas ideias de convivência fraternal, incompatíveis com a relação escravo-dono.

Em Roma, surgem os arrendamentos, ou seja, a locação de mão de obra (*locatio conductio operis* e *locatio conductio operarum*). Na primeira, vendia-se mediante remuneração uma obra; na segunda, o que se vendia era a própria força de trabalho.

Esta ocorre no período do Feudalismo, no qual os senhores feudais davam proteção política e militar aos servos, que, embora não sendo escravos, não tinham liberdade, uma vez que eram dependentes da terra para sobreviver. Pode-se afirmar que, nessa época, o homem, embora não sendo mais escravo de outro, era escravo da terra. Os servos tinham a obrigação de entregar parte da produção rural aos senhores feudais em troca de proteção. É um período de extrema exploração e desrespeito com o trabalhador, no caso o servo. Inclusive existia um costume denominado "direito de primícias", que consistia no fato de o senhor feudal poder passar a primeira noite com qualquer mulher após o casamento.

Foram características da servidão a adstrição do servo à gleba; ser condição hereditária; o servo estava sujeito aos poderes políticos e jurisdicionais do senhor feudal; ser dividido em dois tipos de condição: o rural e o doméstico; o trabalho não era livre; e ocorria a alheabilidade (por conta alheia).

Em um terceiro momento, aparece uma forma de trabalho denominada corporações de ofício. Nesse ponto, o homem deixa o campo para instalar-se nas áreas urbanas em volta dos castelos.

O trabalho nas cidades é, na expressão de Weber, um lugar de "ascenso da servidão à liberdade".

As corporações nasceram das cidades, e não o contrário.

Alonso Olea leciona que:

> A cidade emprestou seu âmbito social singular, distinto do rural, a uma forma também singular de manifestação do espírito associativo imanente a, ou à necessidade psicológica profunda de associar-se de quem participa de uma comunidade fática de trabalho, robustecidos um e outra pelo desejo de conseguir consideração social para os empenhados em atividades mercantis e diretas de produção, de que tão necessitados estavam, os segundos especialmente, em uma era de menosprezo frente às artes mecânicas.

As primeiras corporações foram de comerciantes, seguidas pelas de artesãos.

As corporações de ofício já contavam com certa organização. Existiam três tipos de trabalhadores: os mestres, os companheiros e os aprendizes.

Logo, as relações não se davam entre o trabalhador e a corporação, mas entre o mestre e o trabalhador.

Os mestres eram os proprietários das oficinas, dominavam o conhecimento do ofício (ferreiro, marceneiro, carpinteiro etc.). Os companheiros eram auxiliares que trabalhavam mediante remuneração paga pelo mestre. Os aprendizes eram os menores que ingressavam na corporação para receberem do mestre os ensinamentos da profissão e, mais tarde, tornarem-se mestres, o que dificilmente acontecia com os companheiros.

As corporações de ofício também se constituíram em uma forma de trabalho com elevado grau de exploração. O companheiro, como já afirmado, dificilmente tornava-se mestre, pois, para que isso ocorresse, tinha de ser aprovado em um exame denominado "exame de obra-mestra", o qual era muito difícil, além de serem cobradas altas taxas para poder fazer tal prova. Uma forma mais fácil de se tornar mestre era o casamento com uma filha deste ou com sua viúva. Quanto aos aprendizes, o caminho para formarem-se mestres também não era muito simples. Os aprendizes ficavam sob a responsabilidade dos mestres, sendo que estes tinham direito de aplicar-lhes castigos corporais. Os pais dos aprendizes eram obrigados a pagar para que os mestres ensinassem o ofício aos filhos.

Concluído o período de aprendizagem, o aprendiz se tornava oficial e, após anos de trabalho, se tornaria um mestre, podendo ter sua própria oficina.

As corporações tinham um sistema de mutualidade, ou seja, que assistia a seus membros e familiares, nos períodos de desemprego ou enfermidades, podendo-se afirmar que se tratava de uma forma rudimentar de previdência social. Além disso, as corporações contribuíram muito com doações à Igreja para fins de caridade.

Na época dessas corporações, o trabalho era exercido em longas jornadas, as quais iam do nascer ao pôr do sol. Somente em 1789, com a Revolução Francesa e seus ideais de igualdade, fraternidade e liberdade, é que as corporações de ofício são extintas, mais precisamente por uma lei de 17 de junho de 1791.

Além da Revolução Francesa, outra revolução faz nascerem formas diferentes de trabalho. Trata-se da Revolução Industrial. O surgimento da máquina a vapor e das máquinas têxteis faz nascer o trabalho assalariado. Se antes o trabalho era exercido nos campos ou nas pequenas corporações de ofício, agora ele é exercido nas fábricas, com grande concentração de trabalhadores em um mesmo local, o que faz surgir uma conscientização e um sentimento de revolta com a exploração que lhes era imposta.

Na Revolução Francesa, o Estado não exercia qualquer forma de intervenção nas relações de trabalho. A partir da Revolução Industrial, os governos passam a ser intervencionistas.

Em 1848, Karl Marx, juntamente com Engels, escreve o famoso Manifesto do Partido Comunista Alemão, em que apregoa que o operariado – por ele chamado de proletariado – devia fazer uma revolução e tomar os meios de produção, não aceitando mais ser oprimido e explorado.

O Manifesto articula em dez pontos sua ideia de extinção da ordem produtiva reinante à época:

1. expropriação da propriedade privada;
2. imposto progressivo;
3. abolição da herança;
4. confisco de bens de rebeldes e emigrados;
5. criação de um banco nacional com centralização do crédito;
6. centralização da indústria dos transportes nas mãos do Estado;
7. aumento das indústrias de instrumentos de produção rural;
8. trabalho obrigatório para todos;
9. reunião da agricultura e do trabalho industrial; e
10. educação gratuita para todas as crianças e proibição do trabalho infantil nas fábricas.

Em 1891, a Igreja Católica mostra sua preocupação com as relações de trabalho. Nesse ano, sob o pontificado do Papa Leão XIII, surge a Encíclica *Rerum Novarum*, a primeira a tratar de matéria trabalhista, sendo que Sua

Santidade assim se pronunciava sobre a exploração dos trabalhadores: "O que é vergonhoso e desumano é usar os homens como vis instrumentos de lucro, e não estimá-los senão na proporção do vigor dos seus braços".

Com esse documento, a Igreja reconhece a injustiça social que ocorria, sugerindo a intervenção estatal na economia como única forma de se por fim aos abusos dos patrões.

A bem da verdade, a *Rerum Novarum* é um contraponto ao Manifesto Comunista.

A Igreja, a partir da *Rerum Novarum*, vem periodicamente demonstrando sua preocupação com o problema trabalhista. Os documentos mais importantes, além do de 1891, são as Encíclicas *Quadragesimo Anno* (Pio XI, 1941), *Mater et Magistra* (João XXIII, 1961), *Populorum Progressio* (Paulo VI, 1967), *Laborem Exercens* (João Paulo II, 1981) e *Centesimus Annus* (João Paulo II, 1991).

A falta de legislação trabalhista e a exploração incontida dos patrões fizeram com que, em outubro de 1917, eclodisse uma revolução na Rússia, liderada pela classe trabalhadora, que baseando-se na doutrina de Karl Marx implanta o socialismo.

Podemos afirmar que, se o Direito tivera sido criado antes, o mundo não teria conhecido o comunismo, que tirou liberdades e causou milhões de mortes durante os 70 anos em que dominou metade do planeta.

No início do século XX, há uma verdadeira explosão de leis tratando da questão laboral. Nasce, efetivamente, o direito do trabalho, surgindo, em 1917, a primeira Constituição de um país tratando de matéria trabalhista, a do México. Era ali tratado sobre jornada de oito horas, proibição de trabalho aos menores de 12 anos, limitação da jornada noturna, proteção à maternidade, sindicalização, greve, indenização por despedimento, seguro social, limitação à jornada dos menores de 16 anos a seis horas e seguro contra acidente do trabalho.

Na Alemanha, em 1919, a matéria trabalhista também é tratada na Constituição, sendo esta a segunda sobre o tema, com um capítulo sobre a Vida Econômica e Social, declarando que "a propriedade gera obrigações".

Em 28 de junho de 1919, através do Tratado de Versalhes, é criada a Organização Internacional do Trabalho (OIT), sendo seus principais cânones: trabalho não é mercadoria, oito horas de trabalho, igualdade de salário, repouso semanal, direito sindical, salário-mínimo e inspeção do trabalho de mulheres e dos menores.

Na Itália, em pleno fascismo, a questão trabalhista ganha realce com a *Carta del Lavoro*, de 1927, a qual teria grande influência para o desenvolvimento do direito do trabalho em muitos países, inclusive no Brasil.

Nos Estados Unidos surge o *New Deal*, em 1934/1935. Na Inglaterra implanta-se o Plano Beveridge, em 1942, e no Canadá, o Plano Marsh, de 1944, todos com caráter de proteção social.

HISTÓRIA BRASILEIRA

O Brasil, até 1888, mantinha o trabalho escravo. Antes, na Constituição do Império, de 1824, a questão do trabalho foi enfrentada com essas previsões: proclamou-se a liberdade de trabalho, indústria e comércio; a abolição das corporações de ofício e assegurou o privilégio de invenção.

Com a abolição da escravatura e a proclamação da República, experimentou-se uma nova forma de trabalho, mas mantendo, ainda, os empregadores um autoritarismo nas relações com os trabalhadores. Houve grande influência dos imigrantes italianos que aqui se instalaram no início do século XX na criação do direito do trabalho brasileiro.

Várias leis trataram do trabalho desde 1891, mas sempre referentes a determinadas categorias profissionais. A pioneira dessas leis foi, a bem da verdade, o Decreto n. 1.313, de 17 de janeiro de 1891, que proibiu o trabalho de menores de 12 anos no Distrito Federal.

Em 1930 foi criado o Ministério do Trabalho, Indústria e Comércio, com a finalidade de tratar da questão social, com o amparo necessário aos trabalhadores brasileiros.

A Constituição de 1934 foi a primeira a trazer em seu corpo matéria trabalhista. Tratou-se ali da liberdade sindical, igualdade salarial, salário-mínimo, jornada de 8 horas, proteção ao trabalho da mulher e do menor, repouso semanal e férias anuais remuneradas.

Em 1937, já com o Estado Novo, a Constituição outorgada nesse ano amplia os direitos trabalhistas, mas com grande intervenção estatal. Todavia, em virtude do regime totalitário então vigente, eram proibidos o locaute e a greve. É sob a vigência dessa Carta que nasce a Consolidação das Leis do Trabalho (CLT), em 1º de maio de 1943. Trata-se de uma reunião de todas as leis trabalhistas até então vigentes.

A Constituição de 1946 trata o direito do trabalho de forma democrática, já que a mesma foi promulgada após debates de uma Assembleia Nacional Constituinte. Os avanços mais importantes são liberdade sindical, participação nos lucros, estabilidade e direito de greve, além de serem mantidas as conquistas constantes da Carta anterior.

Sob a vigência da Constituição de 1946 foram criadas diversas leis ordinárias, sendo as mais importantes a do repouso semanal remunerado (Lei

n. 605/49), a do décimo terceiro salário (Lei n. 4.090/62), entre outras, inclusive lei sobre o direito de greve (1964) e a do FGTS, de 1966.

A Constituição de 1967 e a Emenda n. 1 de 1969 (que foi uma verdadeira Constituição nova) mantiveram os direitos previstos na anterior.

Em 1988 foi promulgada a atual Constituição, a qual trata do direito do trabalho nos arts. 7º a 11, intitulando este de direitos sociais (art. 6º). As principais novidades são férias remuneradas com um terço a mais, direitos dos empregados domésticos, licença-paternidade, FGTS a todos os trabalhadores, ampliação do prazo prescricional para a cobrança de créditos trabalhistas para cinco anos, entre outros.

CAPÍTULO 3

Princípios de direito do trabalho

Princípio significa *início, começo, origem*, sendo estas as definições dadas pela língua portuguesa.

No Direito, princípio significa a base, o início, o fundamento, o núcleo da ciência jurídica; no caso, a base do direito do trabalho.

Nas religiões existem princípios e dogmas, que se constituem na base delas.

Os mais importantes princípios do direito do trabalho são: da proteção, da irrenunciabilidade, da continuidade da relação de emprego e da primazia da realidade.

PRINCÍPIOS GERAIS DE DIREITO

Antes de enfrentarmos os princípios próprios do direito do trabalho, os princípios gerais do direito aplicáveis ao direito laboral serão discutidos.

Os princípios gerais do direito são o norte que o aplicador da lei, os juízes, devem obedecer ao analisar e decidir o caso concreto.

Os princípios gerais do direito não somente servem de orientação ao juiz, no momento de proferir a sua decisão, mas também constituem um limite ao seu arbítrio, garantindo que a decisão não está em desacordo com o espírito do ordenamento jurídico, e que suas resoluções não violam a consciência social. São mais do que um elemento da insegurança jurídica, na medida em que contribuem para dotar o ordenamento jurídico em seu conjunto de seguridade, tanto no sentido de assegurar que condutas que se ajustem à justiça não se vejam reprovadas pela norma positiva, como permitindo resolver situações não contempladas em norma alguma positiva, mas que tenham relevância jurídica.

A Lei de Introdução às normas do Direito Brasileiro (LINDB) assim prevê em seu art. 4º: "Quando a lei for omissa, o juiz decidirá o caso de acordo com a analogia, os costumes e os princípios gerais de direito".

Justifica-se tal previsão, pois a lei não acompanha os fatos sociais, e estes acontecem e precisam ser decididos, ainda que não exista legislação específica.

Os princípios gerais do direito podem ser assim divididos:

- **Princípio do devido processo legal.** Dever de obediência aos procedimentos processuais previstos em lei, evitando-se o abuso de poder.
- **Princípio da razoabilidade.** O razoável é conforme a razão. É aquilo que é moderado, lógico, sensato. Firma-se no bom senso, na justiça. Trata-se daquilo que é razoável. Um exemplo elucidativo é, em um processo, quando o empregado afirma ter trabalhado cinco anos, 20 horas por dia. Ainda que a empresa não se defenda, o juiz não poderá condená-la, pois não é razoável acreditar que alguém trabalhe direto 20 horas todos os dias, incluindo sábados, domingos e feriados.
- **Princípio do contraditório e da ampla defesa.** Toda pessoa tem direito a se defender quando sofre uma ação judicial. A Constituição da República traz esse princípio em seu art. 5º, LV:

> Art. 5º Todos são iguais perante a lei, sem distinção de qualquer natureza, garantindo-se aos brasileiros e aos estrangeiros residentes no País a inviolabilidade do direito à vida, à liberdade, à igualdade, à segurança e à propriedade, nos termos seguintes:
> [...]
> LV – aos litigantes, em processo judicial ou administrativo, e aos acusados em geral são assegurados o contraditório e ampla defesa, com os meios e recursos a ela inerentes;

- **Princípio do duplo grau de jurisdição.** O duplo grau de jurisdição garante a todos os cidadãos jurisdicionados a reanálise de seu processo, administrativo ou judicial, geralmente por uma instância superior. É o princípio segundo o qual as decisões judiciais podem conter erros e sua revisão por uma instância superior colegiada diminui as chances de erros judiciários, garantindo aos cidadãos uma Justiça mais próxima do ideal. O fundamento constitucional desse princípio é o mesmo art. 5º, LV, da Constituição da República.

Estudemos agora, os princípios do direito do trabalho.

PRINCÍPIO DA PROTEÇÃO

Quem melhor explica o significado deste princípio é Américo Plá Rodríguez (*Princípios de direito do trabalho*, 1993, p. 28):

> O princípio de proteção se refere ao critério fundamental que orienta o direito do trabalho, pois este, ao invés de inspirar-se num propósito de igualdade, responde ao objetivo de estabelecer um amparo preferencial a uma das partes: o trabalhador.

Este princípio é subdividido em três: aplicação da norma mais favorável, da condição mais benéfica e do *in dubio pro misero*.

Aplicação da norma mais favorável

A definição para este princípio é de que, em caso de pluralidade de normas aplicáveis a uma relação de trabalho, aplica-se aquela que seja mais favorável ao trabalhador.

Portanto, no caso do direito do trabalho, não se aplica a hierarquia das leis, mas a que for mais favorável ao empregado.

A CLT prevê que ao trabalho noturno seja dado um adicional de 20% sobre a hora normal. Nesse caso, se uma convenção coletiva estabelecer que para determinada categoria este trabalho seja remunerado com 50% sobre a hora normal, aplica-se a norma convencional e não a consolidada.

Princípio da condição mais benéfica

Não se pode, por este princípio, retirar do trabalhador as cláusulas contratuais que lhe sejam benéficas, não podendo ser retiradas ou substituídas por outras menos benéficas.

A condição pode resultar não só do contrato, mas também de lei, de normas coletivas e até do regulamento empresarial. Trata-se de "direito adquirido", como qualquer trabalhador sabe.

Na lei brasileira encontramos este princípio no art. 468 da CLT:

> Art. 468. Nos contratos individuais de trabalho só é lícita a alteração das respectivas condições por mútuo consentimento, e, ainda assim, desde que não resultem, direta ou indiretamente, prejuízos ao empregado, sob pena de nulidade da cláusula infringente desta garantia.

§ 1º Não se considera alteração unilateral a determinação do empregador para que o respectivo empregado reverta ao cargo efetivo, anteriormente ocupado, deixando o exercício de função de confiança.

Na própria jurisprudência temos a Súmula n. 51 do Tribunal Superior do Trabalho: "Norma regulamentar. Vantagens e opção pelo novo regulamento. Art. 468 da CLT. I – As cláusulas regulamentares, que revoguem ou alterem vantagens deferidas anteriormente, só atingirão os trabalhadores admitidos após a revogação ou alteração do regulamento".

Princípio do *in dubio pro misero*

No direito penal existe o princípio do *in dubio pro reo*, o qual consiste em "na dúvida, absolve-se o réu". No direito do trabalho, o princípio ora estudado significa que, existindo duas interpretações a um texto ou artigo legal, deve-se aplicar a que melhor atenda aos interesses do trabalhador.

Aplica-se também o princípio do *in dubio pro misero* na análise do caso concreto. Se, em um procedimento judicial, subsistem dúvidas, o juiz deve optar pelo julgamento da causa em favor do empregado.

PRINCÍPIO DA IRRENUNCIABILIDADE

Consiste este princípio na impossibilidade do trabalhador renunciar aos direitos a ele assegurados pela legislação trabalhista, haja vista a imperatividade das leis laborais, ou seja, são normas cogentes (obrigatórias).

No direito do trabalho brasileiro, o princípio em tela encontra-se no art. 9º da CLT: "Art. 9º Serão nulos de pleno direito os atos praticados com o objetivo de desvirtuar, impedir ou fraudar a aplicação dos preceitos contidos na presente Consolidação".

Portanto, ao trabalhador não é permitida a renúncia de direito, por exemplo: não poder ficar sem férias, mesmo recebendo-as em dinheiro; não ter registro em sua carteira de trabalho etc.

PRINCÍPIO DA CONTINUIDADE DA RELAÇÃO DE EMPREGO

Há sempre a presunção de que o trabalhador não deseja deixar o emprego. Sempre que existir uma relação de trabalho, presume-se que esta será com vínculo de emprego. Isso quer dizer que, no caso de uma reclamação na Justiça, o empregador terá de provar que o trabalhador não era seu empregado, mas exercia um serviço, digamos, autônomo. Neste sentido é o teor da Súmula n. 212 do TST:

> Despedimento. Ônus da prova. O ônus de provar o término do contrato de trabalho, quando negada a prestação de serviço e o despedimento, é do empregador, pois o princípio da continuidade da relação de emprego constitui presunção favorável ao empregado.

O princípio ora estudado também se revela na justa causa de abandono de emprego, que deverá ser provada pelo empregador. O mesmo se dá com o pedido de demissão, o qual deve ser claro e sem dúvidas, pois há uma presunção de que o empregado não quer perder o emprego.

Esse princípio revela, pois, o caráter continuativo da relação de emprego, uma vez que suas prestações se revelam mês a mês, ou seja, de modo sucessivo.

Plá Rodriguez ensina que esse princípio admite as seguintes projeções:
- preferência pelos contratos de tempo indeterminado;
- amplitude para a admissão das transformações dos contratos;
- facilidade para a manutenção dos contratos, apesar das nulidades que possam ter ocorrido;
- resistência em admitir a rescisão unilateral do contrato por iniciativa do empregador;
- interpretação das paralisações do contrato como simples suspensões; e
- manutenção do contrato no caso de substituição do empregador.

Podemos concluir que, em razão deste princípio, os contratos de trabalho são presumivelmente de prazo indeterminado. Após o período de experiência o contrato passa a viger por prazo indeterminado.

PRINCÍPIO DA PRIMAZIA DA REALIDADE

No direito do trabalho vale o que ocorre no mundo real e não no formal. Melhor esclarecendo, no confronto do real com o formal, terá maior peso aquele.

Imaginemos um processo em que o trabalhador alega cumprir jornada de 12 horas; a empresa junta cartões de ponto, pelos quais se vê que o empregado sempre cumpriu oito horas de trabalho por dia. Apresentando prova testemunhal que comprove a jornada alegada pelo reclamante, terá este ganho de causa, pois os depoimentos testemunhais se sobrepõem, como regra, sobre a prova documental.

Esse princípio também pode ser adotado para proteger o empregador. Imaginemos uma situação em que um empregado do departamento pessoal de uma empresa anota por engano uma função diferente na carteira de trabalho de um empregado, e que esta função tenha salário maior e outras proteções diferenciadas. Nesse caso, em uma ação judicial, a empresa poderá alegar e demonstrar que as funções exercidas pelo empregado não eram aquelas constantes da CTPS (ex.: uma recepcionista que tem anotadas em sua CTPS funções de telefonista).

PRINCÍPIO DA RAZOABILIDADE

Este princípio deixa claro que nas relações de trabalho, como nas demais relações jurídicas, deve-se buscar uma postura de proceder razoável, isto é, equilibrada, baseada no bom senso.

Exemplo de aplicação prática deste princípio temos quando um empregado pede demissão e não cumpre o aviso-prévio. Há uma presunção de que ele foi coagido a não cumprir o período de aviso, pois não é razoável o trabalhador abrir mão de um mês de salário sem ter emprego.

O Tribunal Superior do Trabalho tem na Súmula n. 276 materializado este princípio:

> AVISO-PRÉVIO. RENÚNCIA PELO EMPREGADO
> O direito ao aviso-prévio é irrenunciável pelo empregado. O pedido de dispensa de cumprimento não exime o empregador de pagar o respectivo valor, salvo comprovação de haver o prestador dos serviços obtido novo emprego.

PRINCÍPIO DA BOA-FÉ

Toda pessoa deve agir de boa-fé nas suas relações sociais, e não é diferente nas relações laborais.

Este princípio serve tanto ao empregador como ao empregado, pois ambos devem agir *ex honestate*, antes, durante e até depois da vigência do contrato de trabalho.

Pela boa-fé, as partes devem cumprir de forma leal suas obrigações, respeitando as normas do bem proceder exigidas pelo senso comum do homem médio.

O empregador deve pagar os salários a tempo e modo como determina a lei, não pagando, por exemplo, valores "por fora" do holerite; não exigir que o empregado assine papéis em branco. E o empregado não deve mentir quando do ingresso na empresa, por exemplo, afirmar possuir alguma habilidade que sabe não ter (falar uma língua estrangeira).

Ruprechet (1995, p. 88) assim se pronuncia sobre este princípio:

> Assim como o trabalhador deve agir com lealdade, do mesmo modo o empregador deve manifestar igual conduta. Nas relações entre associações profissionais de trabalhadores e os patrões e suas associações deve também viger plenamente este princípio. Na negociação coletiva, as tratativas devem sempre realizar-se tendo presente a norma, o que, é claro não excluiu que cada qual procure obter as maiores vantagens possíveis, para o que se recorre a certos subterfúgios, embora sem chegar à má-fé. Nos conflitos coletivos abertos, o princípio deve ser também respeitado.

CAPÍTULO 4

Fontes, aplicação e interpretação do direito do trabalho

FONTES MATERIAIS E FORMAIS

Miguel Reale afirma que fontes do Direito são entendidas como "os processos de normas jurídicas [...] pressupõem sempre uma estrutura de poder" (*Lições preliminares de Direito*).

Bobbio afirma que fontes do Direito "são aqueles fatos ou atos dos quais o ordenamento jurídico faz depender a produção de normas jurídicas" (*Teoria do ordenamento jurídico*).

Fonte quer dizer origem, local de onde surge ou nasce algo, por exemplo: fonte d'água.

São as fontes divididas em materiais e formais. As primeiras são os acontecimentos sociais, econômicos e históricos que influem na formação da norma jurídica. As segundas são as jurídicas. Estas podem ser a Constituição, as leis, as sentenças normativas, as convenções e acordos coletivos, os regulamentos de empresas, as cláusulas contratuais, a jurisprudência e os usos e costumes.

Cumpre ressaltar que a classificação das fontes formais varia de um autor para outro.

Alguns entendem, por exemplo, que a jurisprudência não se constitui em fonte, sendo que, para outros, a doutrina é fonte do direito do trabalho.

As fontes formais, que são as que nos interessam, podem ser divididas em fontes de produção estatal; de produção autônoma; mista e internacional (divisão sugerida por Orlando Gomes e Elson Gotschalk no *Curso de direito do trabalho*).

CONSTITUIÇÃO

A Constituição é a norma mais importante de um país. A partir dela é que surgem as demais normas jurídicas validamente aplicáveis.

A atual Constituição traz, em seus arts. 7º a 11, várias normas de direito do trabalho, além de atribuir à União a competência privativa para legislar sobre direito do trabalho. Esta previsão encontra-se no art. 22, I, da Lei Maior.

O art. 114, com a redação que lhe deu a Emenda n. 45, confere à Justiça do Trabalho competência para julgar os conflitos decorrentes das relações de trabalho, além das de emprego.

LEIS

A legislação trabalhista é extensa. A principal lei laboral é a CLT (Consolidação das Leis do Trabalho). A bem da verdade, tecnicamente não é uma lei, mas foi um Decreto-lei, editado pelo Governo Federal em 1943. Os decretos-leis eram atos do Poder Executivo quando agiam como Legislativo e eram levados a este Poder para aprovação ou rejeição. Hoje em dia não existem mais, pois foram substituídos pelas medidas provisórias. Além desta, existem muitas outras que não se encontram incluídas neste diploma legal. Como exemplo, podemos citar a Lei dos Empregados Domésticos (Lei Complementar n. 150/2015), a Lei de Greve (Lei n. 7.783/89), a Lei do FGTS (Lei n. 8.036/90) etc.

CONVENÇÕES E ACORDOS COLETIVOS

Convenções coletivas são avenças celebradas entre dois ou mais sindicatos de empregados e empregadores, tratando de condições de trabalho, nos precisos dizeres do art. 611 da CLT.

> Art. 611. Convenção Coletiva de Trabalho é o acordo de caráter normativo, pelo qual dois ou mais Sindicatos representativos de categorias econômicas e profissionais estipulam condições de trabalho aplicáveis, no âmbito das respectivas representações, às relações individuais de trabalho.

Os acordos coletivos são pactuados entre uma ou mais empresas de uma categoria econômica com o sindicato dos empregados, conforme os dizeres do § 1º do art. 611 da CLT:

> § 1º É facultado aos Sindicatos representativos de categorias profissionais celebrar Acordos Coletivos com uma ou mais empresas da correspondente categoria econômica, que estipulem condições de trabalho, aplicáveis no âmbito da empresa ou das empresas acordantes às respectivas relações de trabalho.

Com a chamada Reforma Trabalhista, Lei n. 13.467/2017, as convenções coletivas ganharam outro *status*, com o surgimento do art. 611-A, da CLT, que atribui a elas a supremacia sobre o legislado em certas situações. Vejamos:

> Art. 611-A. A convenção coletiva e o acordo coletivo de trabalho têm prevalência sobre a lei quando, entre outros, dispuserem sobre:
> I – pacto quanto à jornada de trabalho, observados os limites constitucionais;
> II – banco de horas anual;
> III – intervalo intrajornada, respeitado o limite mínimo de trinta minutos para jornadas superiores a seis horas;
> IV – adesão ao Programa Seguro-Emprego (PSE), de que trata a Lei n. 13.189, de 19 de novembro de 2015;
> V – plano de cargos, salários e funções compatíveis com a condição pessoal do empregado, bem como identificação dos cargos que se enquadram como funções de confiança;
> VI – regulamento empresarial;
> VII – representante dos trabalhadores no local de trabalho;
> VIII – teletrabalho, regime de sobreaviso, e trabalho intermitente;
> IX – remuneração por produtividade, incluídas as gorjetas percebidas pelo empregado, e remuneração por desempenho individual;
> X – modalidade de registro de jornada de trabalho;
> XI – troca do dia de feriado;
> XII – enquadramento do grau de insalubridade;
> XIII – prorrogação de jornada em ambientes insalubres, sem licença prévia das autoridades competentes do Ministério do Trabalho;
> XIV – prêmios de incentivo em bens ou serviços, eventualmente concedidos em programas de incentivo;
> XV – participação nos lucros ou resultados da empresa.

§ 1º No exame da convenção coletiva ou do acordo coletivo de trabalho, a Justiça do Trabalho observará o disposto no § 3º do art. 8º desta Consolidação.

§ 2º A inexistência de expressa indicação de contrapartidas recíprocas em convenção coletiva ou acordo coletivo de trabalho não ensejará sua nulidade por não caracterizar um vício do negócio jurídico.

§ 3º Se for pactuada cláusula que reduza o salário ou a jornada, a convenção coletiva ou o acordo coletivo de trabalho deverão prever a proteção dos empregados contra dispensa imotivada durante o prazo de vigência do instrumento coletivo.

§ 4º Na hipótese de procedência de ação anulatória de cláusula de convenção coletiva ou de acordo coletivo de trabalho, quando houver a cláusula compensatória, esta deverá ser igualmente anulada, sem repetição do indébito.

§ 5º Os sindicatos subscritores de convenção coletiva ou de acordo coletivo de trabalho deverão participar, como litisconsortes necessários, em ação individual ou coletiva, que tenha como objeto a anulação de cláusulas desses instrumentos.

O art. 611-B, por sua vez, traz os temas que não poderão ter alteração pelas convenções coletivas reduzindo direitos dos trabalhadores:

Art. 611-B. Constituem objeto ilícito de convenção coletiva ou de acordo coletivo de trabalho, exclusivamente, a supressão ou a redução dos seguintes direitos:
I – normas de identificação profissional, inclusive as anotações na Carteira de Trabalho e Previdência Social;
II – seguro-desemprego, em caso de desemprego involuntário;
III – valor dos depósitos mensais e da indenização rescisória do Fundo de Garantia do Tempo de Serviço (FGTS);
IV – salário mínimo;
V – valor nominal do décimo terceiro salário;
VI – remuneração do trabalho noturno superior à do diurno;
VII – proteção do salário na forma da lei, constituindo crime sua retenção dolosa;
VIII – salário-família;
IX – repouso semanal remunerado;
X – remuneração do serviço extraordinário superior, no mínimo, em 50% (cinquenta por cento) à do normal;
XI – número de dias de férias devidas ao empregado;

XII – gozo de férias anuais remuneradas com, pelo menos, um terço a mais do que o salário normal;

XIII – licença-maternidade com a duração mínima de cento e vinte dias;

XIV – licença-paternidade nos termos fixados em lei;

XV – proteção do mercado de trabalho da mulher, mediante incentivos específicos, nos termos da lei;

XVI – aviso prévio proporcional ao tempo de serviço, sendo no mínimo de trinta dias, nos termos da lei;

XVII – normas de saúde, higiene e segurança do trabalho previstas em lei ou em normas regulamentadoras do Ministério do Trabalho;

XVIII – adicional de remuneração para as atividades penosas, insalubres ou perigosas;

XIX – aposentadoria;

XX – seguro contra acidentes de trabalho, a cargo do empregador;

XXI – ação, quanto aos créditos resultantes das relações de trabalho, com prazo prescricional de cinco anos para os trabalhadores urbanos e rurais, até o limite de dois anos após a extinção do contrato de trabalho;

XXII – proibição de qualquer discriminação no tocante a salário e critérios de admissão do trabalhador com deficiência;

XXIII – proibição de trabalho noturno, perigoso ou insalubre a menores de dezoito anos e de qualquer trabalho a menores de dezesseis anos, salvo na condição de aprendiz, a partir de quatorze anos;

XXIV – medidas de proteção legal de crianças e adolescentes;

XXV – igualdade de direitos entre o trabalhador com vínculo empregatício permanente e o trabalhador avulso;

XXVI – liberdade de associação profissional ou sindical do trabalhador, inclusive o direito de não sofrer, sem sua expressa e prévia anuência, qualquer cobrança ou desconto salarial estabelecidos em convenção coletiva ou acordo coletivo de trabalho;

XXVII – direito de greve, competindo aos trabalhadores decidir sobre a oportunidade de exercê-lo e sobre os interesses que devam por meio dele defender;

XXVIII – definição legal sobre os serviços ou atividades essenciais e disposições legais sobre o atendimento das necessidades inadiáveis da comunidade em caso de greve;

XXIX – tributos e outros créditos de terceiros;

XXX – as disposições previstas nos arts. 373-A, 390, 392, 392-A, 394, 394-A, 395, 396 e 400 desta Consolidação;

Parágrafo único. Regras sobre duração do trabalho e intervalos não são consideradas como normas de saúde, higiene e segurança do trabalho para os fins do disposto neste artigo.

SENTENÇA NORMATIVA

Sentença normativa é a decisão proferida pela Justiça do Trabalho nos julgamentos dos dissídios coletivos. Por elas criam-se normas a serem aplicadas a empregados e empregadores de determinada categoria.

Os dissídios são propostos quando os sindicatos não conseguem chegar a uma convenção coletiva.

REGULAMENTOS DE EMPRESA

Por meio destes regulamentos, são criadas normas específicas para os trabalhadores de determinada empresa.

Essas normas devem respeitar as previsões legais, ou seja, não podem ferir normas de proteção previstas na legislação. Exemplo: um regulamento interno não poderá prever que não serão pagas horas extras.

CLÁUSULAS CONTRATUAIS

As cláusulas contratuais obrigarão as partes no ali estipulado, nascendo direitos e obrigações aplicáveis aos contratantes. Nos contratos podem constar o salário, gratificações, horário de trabalho, benefícios etc.

Um contrato de trabalho poderá determinar o pagamento de horas extras com adicional superior ao previsto em lei, bem como prever férias de seis semanas por ano, ou remuneração de 50% a mais.

JURISPRUDÊNCIA

Jurisprudência é a conjugação de *jus* e *prudentia*. A primeira significa Direito e a segunda, prudência ou sabedoria, que é a aplicação do direito aos casos concretos.

Entende-se por jurisprudência as decisões reiteradas dos tribunais sobre determinada matéria.

A jurisprudência quando tem entendimento firmado sobre algum tema, costuma editar súmulas, que visam a dar maior estabilidade à jurisprudência.

Não obstante a discussão reinante entre doutrinadores acerca de ser ou não fonte do Direito, nosso entendimento é de que se constitui em fonte particular do direito do trabalho.

Se fonte quer dizer o nascedouro, no direito do trabalho existem obrigações cujo único fundamento é a jurisprudência. Vejamos o que determina a Súmula n. 291 do Tribunal Superior do Trabalho:

> A supressão total ou parcial, pelo empregador, do serviço suplementar prestado com habitualidade, durante pelo menos 1 (um) ano, assegura ao empregado o direito à indenização correspondente ao valor de 1 (um) mês das horas suprimidas, total ou parcialmente, para cada ano ou fração igual ou superior a seis meses de prestação de serviço acima da jornada normal. O cálculo observará a média das horas suplementares efetivamente trabalhadas nos últimos 12 (doze) meses anteriores à mudança, multiplicada pelo valor da hora extra do dia da supressão.

Ora, um empregado poderá reclamar a indenização prevista na súmula supra, sendo este o único fundamento de seu pedido.

USOS E COSTUMES

Estes são fontes importantes do direito do trabalho. Há previsão da aplicação dos usos e costumes no art. 8º da CLT:

> Art. 8º As autoridades administrativas e a Justiça do Trabalho, na falta de disposições legais ou contratuais, decidirão, conforme o caso, pela jurisprudência, por analogia, por equidade e outros princípios e normas gerais de direito, principalmente do direito do trabalho, e, ainda, de acordo com os usos e costumes, o direito comparado, mas sempre de maneira que nenhum interesse de classe ou particular prevaleça sobre o interesse público.

As gratificações *costumeiramente* pagas aos empregados não podem ser suprimidas. O 13º salário, antes de se tornar lei, foi instituído pelo costume.

Vólia Bomfim Cassar afirma que "o costume é a adoção reiterada de uma determinada postura jurídica, em uma certa época, por um determinado grupo" (*Direito do trabalho*).

O costume exerce força numa sociedade, pois acaba criando normas não constantes dos instrumentos normativos, por exemplo, a fila. Quem desobedece uma fila sofre uma sanção imediata, ou seja, a reprovação dos que ali estão.

ANALOGIA E EQUIDADE

A analogia é a aplicação de uma norma existente para um fato e que pode ser aplicada a situação semelhante, para a qual não existe lei.
Diz o art. 72 da CLT:

> Art. 72. Nos serviços permanentes de mecanografia (datilografia, escrituração ou cálculo), a cada período de 90 (noventa) minutos de trabalho consecutivo corresponderá um repouso de 10 (dez) minutos não deduzidos da duração normal do trabalho.

O trabalho com digitação é muito parecido com o trabalho de datilografia, só que não existe norma específica para os digitadores, podendo ser aplicado o artigo supra.

A equidade é conhecida como "a justiça do juiz"; isto quer dizer que o julgador deverá aplicar a lei de forma justa. Aplicando a equidade, o julgador adapta a lei, amortecendo seu conteúdo, ou seja, aplica a lei de maneira conveniente.

Tanto a analogia quanto a equidade não são fontes do Direito, mas formas de interpretação e integração da lei. Não nascem normas a partir delas, somente aplicam-se as já existentes.

HIERARQUIA DAS FONTES DO DIREITO DO TRABALHO

Sem prejuízo do princípio da aplicação da norma mais favorável, podemos afirmar que as fontes são divididas nessa hierarquia: a norma constitucional, a lei ordinária, os atos que emanam do Poder Executivo, como os decretos, as portarias, as instruções e circulares, a sentença normativa, a convenção coletiva, a jurisprudência, os usos e costumes e o regulamento da empresa.

APLICAÇÃO DO DIREITO DO TRABALHO

A Lei de Introdução às normas do Direito Brasileiro assim dispõe em seu art. 6º:

> Art. 6º A Lei em vigor terá efeito imediato e geral, respeitados o ato jurídico perfeito, o direito adquirido e a coisa julgada.
> [...]
> § 3º Chama-se coisa julgada ou caso julgado a decisão judicial de que já não caiba recurso.

A Constituição da República, por sua vez, afirma que compete à União legislar sobre direito do trabalho (art. 22, I).

O art. 5º, XXXVI, da Constituição da República, assim dispõe: "A lei não prejudicará o direito adquirido, o ato jurídico perfeito e a coisa julgada".

Logo, a lei não pode retroagir, isto é, uma lei trabalhista será aplicada nos casos novos, ou seja, a partir de sua publicação.

Por outro lado, as leis de proteção ao trabalho têm aplicação imediata e atingem os contratos em vigor.

Exemplificando: A CLT, em seu art. 59 previa um adicional de 20% para as horas extras. O art. 7º, XIII, da Constituição da República de 1988 ampliou o percentual para 50%. Nesse caso, com o contrato de trabalho celebrado sob a égide da previsão do adicional de 20%, com base na nova Constituição, passou o empregado a ter direito ao adicional de 50%.

No tocante ao espaço (até agora vimos a aplicação no tempo), aplica-se no direito do trabalho o princípio universal da lex loci executionis, pelo qual a lei trabalhista aplicável a uma relação de emprego é a do local da prestação do serviço.

INTERPRETAÇÃO DAS NORMAS TRABALHISTAS

É consenso na doutrina que interpretar uma lei é atribuir-lhe um significado, medindo-lhe a exata extensão e possibilidade de sua aplicação a um caso concreto.

Vários são os sistemas de interpretação das leis (tradicional, teleológica, de livre pesquisa científica, histórica, gramatical, extensiva, restritiva etc.).

Vejamos sinteticamente alguns dos sistemas mencionados:

- tradicional: busca-se apenas encontrar na lei a expressão da vontade do legislador (escola exegética);
- teleológica: busca-se encontrar a finalidade da norma;
- livre pesquisa científica: buscam os adeptos desta corrente que o juiz, ao interpretar a lei, principalmente no silêncio desta, deve procurar a solução na natureza objetiva das causas; alguns chegam a afirmar que o juiz pode decidir contra disposição legal;
- gramatical: seguramente o pior método interpretativo consiste na simples leitura do texto legal aplicando-o literalmente. É popular nos meios jurídicos a anedota do filho que à beira do leito de morte do pai ouviu esta frase: "filho, faça o que quiser na vida, mas faça direito", e o filho foi ser advogado, mesmo sem vocação;
- extensiva: dar um alcance maior que o previsto na lei;
- restritiva: dar um alcance inferior ao previsto na lei.

CAPÍTULO 5

O empregado

CONSIDERAÇÕES INICIAIS

O empregado é um dos participantes da relação de emprego. Sua definição está no art. 3º da Consolidação das Leis do Trabalho (CLT), que diz: "Considera-se empregado toda pessoa física que prestar serviços de natureza não eventual a empregador, sob a dependência deste e mediante salário".

Portanto, só será considerado empregado o prestador de serviços que se encaixar na definição legal.

O artigo supra é complementado pelo art. 2º da CLT, o qual define empregador, mas traz importante item complementar à figura do empregado: "Art. 2º Considera-se empregador a empresa, individual ou coletiva, que, assumindo os riscos da individual ou atividade econômica, admite, assalaria e dirige a *prestação pessoal* de serviço" [grifo nosso].

Antes de passarmos ao estudo de cada um dos itens da definição legal, vejamos a diferença entre empregado e trabalhador.

DIFERENÇA ENTRE TRABALHADOR E EMPREGADO

Trabalhador é aquele que presta um serviço.

Logo, é trabalhador o proprietário de uma padaria, um advogado que tenha seu próprio escritório, um dentista ou um médico que tenham seus consultórios onde atendem mediante pagamento da consulta por parte dos pacientes.

Ocorre, todavia, que esses trabalhadores exercem suas atividades sem qualquer subordinação com seus tomadores de serviços, isto é, com seus fregueses, clientes e pacientes.

Portanto, o que interessa ao direito do trabalho é o trabalhador empregado, ou seja, aquele que presta serviços de forma subordinada a outrem.

E não é somente a subordinação que caracterizará um trabalho com vínculo de emprego.

Além da subordinação existem a pessoalidade, a não eventualidade e o salário.

Agora já podemos estudar cada um desses elementos caracterizadores da figura do empregado.

CARACTERIZAÇÃO LEGAL DO EMPREGADO

O art. 3º da CLT, já transcrito, traz os elementos caracterizadores do empregado. São eles: trabalho pessoal de forma não eventual, sob dependência e mediante salário.

Vejamos então cada um desses elementos.

TRABALHO PESSOAL

É o princípio da pessoalidade. Diz-se que o trabalho é exercido em caráter pessoal, ou seja, *intuitu personae*, pois só a pessoa física é que pode ser empregado, e este não pode se fazer substituir por outrem na execução dos serviços.

Se houver uma relação de trabalho na qual o prestador de serviço seja uma pessoa jurídica, estaremos diante de uma situação que interessa ao direito empresarial ou ao direito civil.

Voltando ao aspecto da prestação pessoal do trabalho, dissemos anteriormente que o serviço deve ser prestado pessoalmente pelo empregado. Este elemento encontra-se no art. 2º da CLT, como grifado.

Todavia poderá haver casos em que a substituição esporádica do serviço por outra pessoa que não o empregado não descaracterizará este.

É o caso de um professor (digamos o de legislação social), que em determinado dia não poderá comparecer à faculdade e pede para um colega seu que ministre a aula daquele dia.

Havendo concordância do empregador, não estará descaracterizado o princípio da pessoalidade.

Atente-se somente para o fato de que esta substituição deva ser esporádica.

SERVIÇOS NÃO EVENTUAIS

Não eventual é o serviço prestado de forma contínua dentro do avençado pelas partes.

Não eventual é aquele serviço exercido de forma repetitiva. Poderá ser o trabalho prestado de segunda a sexta-feira das 9:00 às 18:h, bem como um serviço prestado uma vez por semana durante certo horário, digamos, no período noturno. Mais uma vez usaremos o exemplo do professor de legislação social, que poderá lecionar todas as segundas-feiras das 19:00 às 23:00h e estaremos diante de um serviço prestado de forma não eventual.

Para que fique bem claro o que é a não eventualidade, imaginemos o caso de um médico que trabalhe em um hospital uma vez por semana durante doze horas. Estaremos diante de um serviço prestado de forma não eventual.

Eventual é aquele serviço prestado de forma não costumeira. É o caso de um encanador, de um pedreiro ou de um marceneiro, os quais podem ser contratados para que prestem um serviço em uma residência por determinado período. Nesses casos não há a continuidade; logo, não é constante, não havendo que se falar em vínculo de emprego.

DEPENDÊNCIA DO EMPREGADOR

Outro elemento caracterizador da figura empregado previsto pela lei é o da sua dependência ao empregador.

Mas o que vem a ser essa dependência?

Alguns autores chegam a afirmar que a dependência é financeira, ou seja, o empregado depende unicamente do salário que o empregador lhe paga, para sua subsistência e a de seus familiares.

Nós discordamos desse entendimento, pois poderá ocorrer de o empregado ter mais posses que seu empregador e, nesse caso, não haveria uma relação de emprego.

Para nós, o termo dependência utilizado pela lei indica a subordinação. Ela se exterioriza quando o empregador toma decisões quanto ao funcionamento de sua empresa. É o empregador quem escolhe o local de trabalho, quem adquire as ferramentas, os utensílios e os uniformes de trabalho, e, ainda, tem o empregador a prerrogativa de dar ordens ao empregado, determinando a este o que, onde e como fazer suas tarefas profissionais.

SALÁRIO

Este é o último elemento legal da caracterização do empregado.

Um dos elementos do contrato de trabalho é a onerosidade. Não há contrato de trabalho se esse for gratuito.

Mas poderá haver uma situação prática em que estejamos diante de uma pessoa física que preste serviços de forma não eventual sob dependência de um empregador, mas que não tenha o elemento salário. É o caso das atividades religiosa; por exemplo, uma freira ou um pastor trabalham diariamente em um hospital, mas sem receber salário, pois é inerente a essas atividades a gratuidade, não sendo, pois, empregados.

Interessante trazer aqui um julgado em que certo pastor ingressou com uma reclamação trabalhista ao pedir o reconhecimento judicial do vínculo de emprego.

> Contrato de emprego. Pastor. Inexistência. Inexiste contrato de emprego entre o Pastor e sua Igreja, face à natureza espiritual e vocacional do vínculo. Aquele que exerce atividade subordinada unicamente à sua crença, mantendo com a instituição um liame puramente religioso, não é dela um trabalhador comum. Não restando caracterizada a relação empregatícia entre os litigantes, confirma-se decisão que julgou o autor carecedor dos direitos de ação nesta Justiça Especializada (TRT/MG, RO n. 2.042/90, 2ª T., rel. Tarcisio Giboski).

O julgado é antigo, pois consta da primeira edição deste livro.

Ainda que se encontrem algumas decisões em sentido contrário, a jurisprudência dominante sobre o tema continua no mesmo sentido daquela de duas décadas atrás:

> TRT-4ª Região, RO n. 0000040-92.2011.5.04.0831, j. 19.04.2012, rel. Clóvis Fernando Schuch Santos, área do Direito: Trabalho
> Vínculo de emprego não reconhecido. Trabalho voluntário. Pastor. Trabalho prestado em caráter voluntário, na condição de pastor, exteriorizando a finalidade da instituição para a qual presta serviços, não caracteriza vínculo empregatício, uma vez que a finalidade principal é ministrar a fé re-

ligiosa à comunidade, não se perfectibilizando os requisitos dos arts. 2º e 3º da CLT.

EMPREGADO E TRABALHADOR AUTÔNOMO

Trabalhador autônomo é aquele que presta seu serviço sem qualquer subordinação a quem quer que seja.

É o advogado, o médico, o dentista e o representante comercial autônomo.

Na prática, muitas vezes, uma relação de trabalho autônoma pode estar escondendo uma relação de emprego.

Vejamos algumas hipóteses.

Um representante comercial autônomo que tenha assinado um contrato como tal com uma empresa, recolhendo as verbas devidas à Previdência Social, que tenha registro em seu órgão de classe, poderá ser empregado. Isso ocorrerá se ele se encaixar na definição do art. 3º da CLT, que acabamos de estudar.

Pode alguém perguntar: Mas e o contrato assinado?

À pergunta respondemos: Tal contrato é nulo.

O art. 9º da CLT diz: "Serão nulos de pleno direito os atos praticados com o objetivo de desvirtuar, impedir ou fraudar a aplicação dos preceitos contidos na presente Consolidação".

Ora, se uma pessoa física prestar serviços não eventuais a empregador, sob dependência deste e mediante salário, será empregado e aquele contrato é nulo. Logo não gera qualquer efeito jurídico.

A chamada Reforma Trabalhista incluiu na CLT o art. 442-B que trata do trabalhador autônomo: "Art. 442-B. A contratação do autônomo, cumpridas por este todas as formalidades legais, com ou sem exclusividade, de forma contínua ou não, afasta a qualidade de empregado prevista no art. 3º desta Consolidação".

Esse artigo nos parece desprovido de qualquer utilidade, pois se um trabalhador se encaixar na previsão do art. 3º da CLT, será considerado empregado e não autônomo.

EMPREGADO DOMÉSTICO

O art. 3º da CLT não é aplicável ao empregado doméstico, pois a este se aplica a definição contida no art. 1º da Lei Complementar n. 150/2015:

Art. 1º Ao empregado doméstico, assim considerado aquele que presta serviços de forma contínua, subordinada, onerosa e pessoal e de finalidade não lucrativa à pessoa ou à família, no âmbito residencial destas, por mais de 2 (dois) dias por semana, aplica-se o disposto nesta Lei.

Logo, empregado doméstico é aquele que trabalha de forma não eventual e sem finalidade lucrativa no âmbito familiar.

Deve-se tomar cuidado com a contratação de um empregado doméstico. Poderá ocorrer a contratação de um motorista como empregado doméstico, e este ao mesmo tempo servir no âmbito familiar como também servir ao pai da família quando está investido nas funções de empresário. Nesses casos existe, a nosso ver, uma relação de emprego nos moldes do art. 3º, da CLT, e não nos da Lei Complementar n. 150/2015.

Os trabalhadores domésticos passaram a ter os mesmos direitos do trabalhador celetista.

A jornada de trabalho do trabalhador doméstico será de 8 horas, e a duração semanal de 44 horas.

No caso de horas extras, estas sofrerão acréscimo de 50% sobre o valor da hora normal.

A Lei Complementar n. 150/2015 ainda prevê que poderá ser dispensado o acréscimo de salário e instituído regime de compensação de horas, mediante acordo escrito entre empregador e empregado, se o excesso de horas de um dia for compensado em outro dia. Essas horas, no caso de rescisão do contrato, caso não tenham sido compensadas, deverão ser pagas tendo como base o salário da data da dispensa.

Autoriza a lei que se pactua contrato de trabalho por experiência, nos mesmos moldes da CLT, ou seja, por no máximo 90 dias.

O contrato de experiência poderá ser prorrogado uma vez, desde que a soma dos dois períodos não ultrapasse 90 dias.

Em relação ao empregado **responsável** por acompanhar o empregador prestando serviços em viagem, serão consideradas apenas as horas efetivamente trabalhadas no período, podendo ser compensadas as horas extraordinárias em outro dia, observadas a jornada de oito horas e a duração semanal de 44 horas.

A lei prevê ainda que o acompanhamento do empregador pelo empregado em viagem será condicionado à prévia existência de acordo escrito entre as partes, e a remuneração da hora do serviço em viagem será, no mínimo, 25% superior ao valor do salário-hora normal.

O registro do horário de trabalho empregado deverá obrigatoriamente ser anotado, seja por controle eletrônico, seja por controle de anotações manuais.

É obrigatória a concessão de intervalo intrajornada de, no mínimo, uma hora e de, no máximo, duas, podendo ser acordada a redução para trinta minutos mediante acordo escrito entre as partes.

Já o intervalo interjornada, deverá se de no mínimo 11 horas entre uma jornada e outra e, também, direito ao descanso semanal remunerado de, no mínimo, 24 horas consecutivas, preferencialmente aos domingos, além de descanso remunerado em feriados.

Também será concedida férias de trinta dias aos empregados domésticos, lembrando que até pouco tempo estes tinham direito a 20 dias úteis de férias.

É vedado ao empregador doméstico efetuar descontos no salário do empregado por fornecimento de alimentação, vestuário, higiene ou moradia, bem como por despesas com transporte, hospedagem e alimentação em caso de acompanhamento em viagem. Esses valores não terão natureza jurídica salarial.

Poderão ser descontadas as despesas com moradia de que trata o *caput* do art. 18 da Lei Complementar n. 150/2015 quando essa se referir a local diverso da residência em que ocorrer a prestação de serviço, desde que essa possibilidade tenha sido expressamente acordada entre as partes.

Quanto ao aviso-prévio, assim prevê a Lei Complementar n. 150/2015:

> Art. 23. Não havendo prazo estipulado no contrato, a parte que, sem justo motivo, quiser rescindi-lo deverá avisar a outra de sua intenção.
>
> § 1º O aviso prévio será concedido na proporção de 30 (trinta) dias ao empregado que conte com até 1 (um) ano de serviço para o mesmo empregador.
>
> § 2º Ao aviso prévio previsto neste artigo, devido ao empregado, serão acrescidos 3 (três) dias por ano de serviço prestado para o mesmo empregador, até o máximo de 60 (sessenta) dias, perfazendo um total de até 90 (noventa) dias.
>
> § 3º A falta de aviso prévio por parte do empregador dá ao empregado o direito aos salários correspondentes ao prazo do aviso, garantida sempre a integração desse período ao seu tempo de serviço.
>
> § 4º A falta de aviso prévio por parte do empregado dá ao empregador o direito de descontar os salários correspondentes ao prazo respectivo.
>
> § 5º O valor das horas extraordinárias habituais integra o aviso prévio indenizado.

Art. 24. O horário normal de trabalho do empregado durante o aviso prévio, quando a rescisão tiver sido promovida pelo empregador, será reduzido de 2 (duas) horas diárias, sem prejuízo do salário integral.

Parágrafo único. É facultado ao empregado trabalhar sem a redução das 2 (duas) horas diárias previstas no *caput* deste artigo, caso em que poderá faltar ao serviço, sem prejuízo do salário integral, por 7 (sete) dias corridos, na hipótese dos §§ 1º e 2º do art. 23.

O empregado doméstico tem direito também ao FGTS, ao seguro-desemprego e à licença-maternidade.

Interessante é o relativo à justa causa, pois a lei trouxe motivos específicos, excluindo-se a aplicação da CLT.

Vejamos:

Art. 27. Considera-se justa causa para os efeitos desta Lei:

I – submissão a maus-tratos de idoso, de enfermo, de pessoa com deficiência ou de criança sob cuidado direto ou indireto do empregado;

II – prática de ato de improbidade;

III – incontinência de conduta ou mau procedimento;

IV – condenação criminal do empregado transitada em julgado, caso não tenha havido suspensão da execução da pena;

V – desídia no desempenho das respectivas funções;

VI – embriaguez habitual ou em serviço;

VII – (*vetado*);

VIII – ato de indisciplina ou de insubordinação;

IX – abandono de emprego, assim considerada a ausência injustificada ao serviço por, pelo menos, 30 (trinta) dias corridos;

X – ato lesivo à honra ou à boa fama ou ofensas físicas praticadas em serviço contra qualquer pessoa, salvo em caso de legítima defesa, própria ou de outrem;

XI – ato lesivo à honra ou à boa fama ou ofensas físicas praticadas contra o empregador doméstico ou sua família, salvo em caso de legítima defesa, própria ou de outrem;

XII – prática constante de jogos de azar.

E no tocante aos motivos para rescisão indireta, ocorreu o mesmo, ou seja, não se aplica o previsto no art. 483 da CLT:

Art. 27. [...]

Parágrafo único. O contrato de trabalho poderá ser rescindido por culpa do empregador quando:

I – o empregador exigir serviços superiores às forças do empregado doméstico, defesos por lei, contrários aos bons costumes ou alheios ao contrato;

II – o empregado doméstico for tratado pelo empregador ou por sua família com rigor excessivo ou de forma degradante;

III – o empregado doméstico correr perigo manifesto de mal considerável;

IV – o empregador não cumprir as obrigações do contrato;

V – o empregador ou sua família praticar, contra o empregado doméstico ou pessoas de sua família, ato lesivo à honra e à boa fama;

VI – o empregador ou sua família ofender o empregado doméstico ou sua família fisicamente, salvo em caso de legítima defesa, própria ou de outrem;

VII – o empregador praticar qualquer das formas de violência doméstica ou familiar contra mulheres de que trata o art. 5º da Lei n. 11.340, de 7 de agosto de 2006.

O PROBLEMA DA DIARISTA

As relações sociais estão sempre em mutação, e a legislação sempre perde para elas.

É comum a prestação de serviços pelas chamadas diaristas que prestam serviço uma vez por semana em determinadas casas, ou seja, cada dia trabalham em uma residência.

Seriam tais trabalhadoras empregadas domésticas? Aqui se deve primeiro resolver se o trabalho é não eventual.

Ora, um professor que ministra aulas um dia por semana em uma faculdade e em outros dias em outras instituições não é um trabalhador não eventual?

Entendemos que sim, é um trabalhador eventual, e a diarista também. Curiosamente, criou-se uma jurisprudência "matemática", em que um dia por semana não caracteriza a não eventualidade; três dias caracterizam e dois ficam à livre vontade do julgador.

Logo, trabalhando uma vez por semana em uma residência, estará presente a não eventualidade, e se forem encontrados os demais elementos da relação de emprego, tal diarista será considerada empregada, sendo essa a melhor solução à questão.

Nossa posição ainda persiste, não obstante os termos da Lei Complementar n. 150/2015, que, como visto, entende que só existe relação de emprego doméstico se o trabalho for realizado por mais de dois dias por semana.

EMPREGADO RURAL

Da mesma forma que o empregado doméstico, o rural tem a sua definição traçada fora da CLT. Está ela no art. 2º da Lei n. 5.889/73: "Art. 2º Empregado rural é toda pessoa física que, em propriedade rural ou prédio rústico, presta serviços de natureza não eventual a empregador rural, sob a dependência deste e mediante salário".

Diferencia-se o empregado rural do empregado urbano (art. 7º da CLT), pelo fato de o mesmo prestar seus serviços em propriedade rural ou prédio rústico.

Atualmente, o enquadramento do trabalhador como rural dependerá da atividade de seu empregador. Logo, sendo rural a empresa, rurais serão seus empregados; não sendo rural a atividade, por exemplo, um sítio de recreação e descanso familiar, seus trabalhadores serão domésticos.

Aliás, assim se pronuncia o Supremo Tribunal Federal por meio de sua Súmula n. 196: "Ainda que exerça atividade rural, o empregado de empresa industrial ou comercial é classificado de acordo com a categoria do empregador".

Para deixar clara a situação: em um imóvel em que se explore atividade rural na cidade de São Paulo, seus trabalhadores serão considerados trabalhadores rurais.

Logo, pouco importa a localização do imóvel, mas, sim, sua atividade.

TERCEIRIZAÇÃO

Muito difundido hoje em dia, o vocábulo *terceirização* tem levado à Justiça do Trabalho várias causas, com enormes prejuízos para empresas que, em um primeiro momento, entendiam não ser empregadoras.

A terceirização consiste na possibilidade de uma empresa passar para "terceiros" parte de seus serviços. Todavia, este procedimento poderá gerar vários transtornos do ponto de vista jurídico, particularmente quanto à existência de vínculo de emprego.

Tentando minimizar os problemas da terceirização, o Tribunal Superior do Trabalho emitiu a Súmula n. 331:

I – A contratação de trabalhadores por empresa interposta é ilegal, formando-se o vínculo diretamente com o tomador dos serviços, salvo o caso de trabalho temporário (Lei n. 6.019, de 03.01.1974).

II – A contratação irregular de trabalhador, mediante empresa interposta, não gera vínculo de emprego com os órgãos da Administração Pública direta, indireta ou funcional (art. 37, II, da CF/1988).

III – Não forma vínculo de emprego com o tomador a contratação de serviços de vigilância (Lei n. 7.102, de 20.06.1983) e de conservação e limpeza, bem como a de serviços especializados ligados à atividade-meio do tomador, desde que inexistente a pessoalidade e a subordinação direta.

IV – O inadimplemento das obrigações trabalhistas, por parte do empregador, implica a responsabilidade subsidiária do tomador dos serviços quanto àquelas obrigações, desde que hajam participado da relação processual e constem também do título executivo judicial.

V – Os entes integrantes da Administração Pública direta e indireta respondem subsidiariamente, nas mesmas condições do item IV, caso evidenciada a sua conduta culposa no cumprimento das obrigações da Lei n. 8.666, de 21.06.1993, especialmente na fiscalização do cumprimento das obrigações contratuais e legais da prestadora de serviço como empregadora. A aludida responsabilidade não decorre de mero inadimplemento das obrigações trabalhistas assumidas pela empresa regularmente contratada.

VI – A responsabilidade subsidiária do tomador de serviços abrange todas as verbas decorrentes da condenação referentes ao período da prestação laboral.

Como se vê pela Súmula citada a terceirização só será válida tratando-se de trabalho temporário, serviços de vigilância, conservação e limpeza e os ligados a atividade-meio do tomador, desde que inexistente a pessoalidade e a subordinação direta.

Ocorre que, com a reforma trabalhista de 2017, permite-se hoje em dia a terceirização em todas as atividades da empresa.

A Lei n. 6.019/74 teve incluído o art. 4º-A, que assim determina:

Art. 4º-A. Considera-se prestação de serviços a terceiros a transferência feita pela contratante da execução de quaisquer de suas atividades, inclusive sua atividade principal, à pessoa jurídica de direito privado prestadora de serviços que possua capacidade econômica compatível com a sua execução.

Há de se tomar cuidado, também, para o caso de os empregados da empresa "terceirizada" ingressarem com reclamações trabalhistas, pois se estas não pagarem a esses empregadores, poderá tal encargo recair sobre a tomadora dos serviços.

TRABALHO TEMPORÁRIO

O trabalho temporário é regulamentado pela Lei n. 6.019, de 3 de janeiro de 1974, alterada recentemente pela Lei n. 13.429/2017.
Trabalho temporário está agora assim definido na Lei n. 6.019/74:

> Art. 2º Trabalho temporário é aquele prestado por pessoa física contratada por uma empresa de trabalho temporário que a coloca à disposição de uma empresa tomadora de serviços, para atender à necessidade de substituição transitória de pessoal permanente ou à demanda complementar de serviços.

Já, empresa de trabalho temporário, conceitua a lei, é a pessoa jurídica, devidamente registrada no Ministério do Trabalho, responsável pela colocação de trabalhadores à disposição de outras empresas temporariamente (art. 4º).
Para poderem funcionar, são estes os requisitos para registro no órgão governamental competente:
I – prova de inscrição no Cadastro Nacional da Pessoa Jurídica (CNPJ), do Ministério da Fazenda;
II – prova do competente registro na Junta Comercial da localidade em que tenha sede;
III – prova de possuir capital social de, no mínimo, R$ 100.000,00 (cem mil reais).
No trabalho temporário, existem dois contratos: um de caráter civil entre a empresa de trabalho temporário e a cliente, e outro, de trabalho, entre o prestador de serviços e a empresa de trabalho temporário.
O contrato entre a empresa de trabalho temporário e a empresa tomadora ou cliente, com relação a um mesmo empregado, não poderá exceder três meses, salvo autorização concedida pelo órgão local do Ministério do Trabalho.
Os contratos celebrados entre as empresas, bem como o firmado com o trabalhador, deverão ser escritos.
O trabalhador temporário terá os seguintes direitos:

> Art. 12. Ficam assegurados ao trabalhador temporário os seguintes direitos:

a) remuneração equivalente à percebida pelos empregados de mesma categoria da empresa tomadora ou cliente calculados à base horária, garantida, em qualquer hipótese, a percepção do salário mínimo regional;

b) jornada de oito horas, remuneradas as horas extraordinárias não excedentes de duas, com acréscimo de 20% (vinte por cento);

c) férias proporcionais, nos termos do art. 25 da Lei n. 5.107, de 13 de setembro de 1966;

d) repouso semanal remunerado;

e) adicional por trabalho noturno;

f) indenização por dispensa sem justa causa ou término normal do contrato, correspondente a 1/12 (um doze avos) do pagamento recebido;

g) seguro contra acidente do trabalho;

h) proteção previdenciária nos termos do disposto na Lei Orgânica da Previdência Social, com as alterações introduzidas pela Lei n. 5.890, de 8 de junho de 1973 (art. 5º, item III, letra *c* do Decreto n. 72.771, de 6 de setembro de 1973).

O trabalho temporário tem por finalidade a de satisfazer a necessidades temporárias das empresas (exemplos: o afastamento de empregado efetivo por motivo de doença, férias, aumento de serviço em certas épocas do ano etc.).

ESTAGIÁRIOS

O estagiário não é empregado.

A Lei n. 11.788/2008 trouxe relevantes alterações nas relações de estágio.

Resumidamente, podemos destacar: a jornada de trabalho do estagiário não poderá ultrapassar seis horas diárias; o número de estagiários a serem contratados dependerá do número de empregados da empresa; e para os casos de contratos de no mínimo um ano de duração, o estagiário terá direito a um recesso de 30 dias, sendo que este período será remunerado.

O descumprimento de qualquer item da lei implicará o reconhecimento da relação de emprego.

CAPÍTULO 6

O empregador

DEFINIÇÃO DE EMPREGADOR

O art. 2º da CLT define o empregador com a seguinte redação: "Art. 2º Considera-se empregador a empresa individual ou coletiva que assumindo os riscos da atividade econômica, admite, assalaria e dirige a prestação pessoal de serviços".

A definição legal diz, como se vê, que empregador é a empresa.

Melhor seria se a lei dissesse que empregador é aquele – pessoa física ou jurídica – que se utiliza de empregados, pois, como veremos, nem só a empresa é que pode ter trabalhadores prestando-lhe serviços.

A empresa é sempre pessoa jurídica, seja ela a individual ou a coletiva. Portanto, como ficariam aqueles que trabalhassem para pessoas físicas? Este problema é solucionado pelo § 1º do art. 2º da CLT:

§ 1º Equiparam-se ao empregador para os efeitos exclusivos da relação de emprego, os profissionais liberais, as instituições de beneficência, as associações recreativas ou outras instituições sem fins lucrativos que admitirem trabalhadores como empregados.

Vemos que são equiparados ao empregador os advogados, os dentistas, os médicos, as creches assistenciais, os clubes etc.

Mas nos parece que a lei não prevê outros empregadores, como os condomínios, o espólio etc.

A doutrina e até mesmo a jurisprudência trataram de preencher a lacuna legal.

Logo, por exemplo, são empregados dos condomínios os zeladores, os porteiros, os vigias e os faxineiros.

PODERES DO EMPREGADOR

Preferimos dividir os poderes do empregador em três. São eles: o diretivo, o regulamentar e o disciplinar.

Não existe uma unanimidade na doutrina quanto a essa divisão, já que a lei não traz de forma direta tais poderes.

Para Vólia Bomfim, por exemplo, afirma existir apenas o poder disciplina, sendo este dividido em poder de gestão, poder hierárquico e poder disciplinar (2017, p. 1.044).

Para Amauri Mascaro Nascimento, a divisão fica assim delineada: poder de organização; poder de controle e poder disciplinar (Nascimento, 2005, p. 276).

Poderíamos citar outras divisões na doutrina, mas seria um longo caminho, que foge ao desiderato desta obra.

Na verdade, nossa divisão é uma síntese das demais.

Poder diretivo

É também conhecido como poder de direção, sendo aquele pelo qual tem o empregador direito de dirigir sua atividade da forma que melhor lhe aprouver.

Amauri Mascaro Nascimento define este poder "como a faculdade atribuída ao empregador de determinar o modo como a atividade do empregado, em decorrência do contrato de trabalho, deve ser exercida" (1981, p. 351, v. 1).

Poder regulamentar

É o atributo que tem o empregador de criar normas e regulamentos. Estes se materializam através de cartas, avisos, circulares e pelo regulamento interno da empresa.

Por meio dos atos regulamentares baixados por si, o empregador estabelece os princípios que devem ser seguidos pelos empregados.

Tais normas internas não podem infringir as leis trabalhistas, sofrendo limitações.

Já dissemos que "nos regulamentos da empresa, o empregador planeja a atividade desta, dividindo tarefas, determinando proibições, horário de almoço, o uso de crachá de identificação etc." (In: Zainaghi, *Justa causa para despedida*, 1993, p. 120).

Cumpre deixar claro que se uma norma constante de regulamento da empresa for mais favorável ao empregado do que uma disposição legal, valerá a norma empresarial.

Poder disciplinar

O poder disciplinar conferido ao empregador se divide, quanto à aplicação, em três tipos: a advertência, a suspensão e a despedida por justa causa.

Não há no sistema jurídico trabalhista brasileiro a previsão de se aplicar as sanções anteriores de forma gradativa. Isso quer dizer que um empregado pode ser despedido sem ter sido suspenso, bem como receber uma suspensão sem ter sido jamais advertido, e, por fim, ser despedido por justa causa sem punições anteriores.

Para alguns doutrinadores, se o regulamento interno da empresa trouxer previsão de gradação, o empregador ficará obrigado a obedecer. Discordamos desta posição, pois tudo dependerá do tipo de falta cometida pelo empregado.

Exemplificamos: se um empregado furta uma calculadora do empregador, mesmo que jamais tenha sofrido qualquer advertência ou suspensão, o patrão poderá despedi-lo por justa causa, ainda que o regulamento traga previsão de aplicação das penas de advertência e suspensão anteriores.

Portanto, a gradação – se houver – do regulamento da empresa será para faltas leves, por exemplo, as faltas e atrasos no comparecimento ao trabalho.

Quanto às advertências, quando comunicadas por escrito, os empregados têm a obrigação de colocar o "ciente" nessas advertências. Sua negativa constitui-se em ato de insubordinação, dando ao empregador o direito de despedir esse empregado por justa causa (art. 482, *h*, da CLT), pois a assinatura na carta de advertência tem o valor apenas de recibo de entrega.

Atente-se que uma advertência pode ser dada verbalmente. E, nesse caso, o empregado vai recusar-se a escutá-la?

A suspensão não pode ser superior a trinta dias, conforme previsão na CLT: "Art. 474. A suspensão do empregado por mais de 30 (trinta) dias consecutivos importa na rescisão injusta do contrato de trabalho".

Portanto, se for aplicada uma suspensão superior a trinta dias, o contrato de trabalho será rescindido por "justa causa patronal", e o empregador terá de pagar todas as verbas rescisórias como se tivesse despedido o empregado.

A dispensa por justa causa, terceira punição que apresentamos, a bem da verdade não seria uma pena, mas, sim, uma forma de rescisão do contrato, como afirma parte da doutrina. Preferimos, mesmo assim, colocá-la como punição, pois o empregado, além de perder o emprego, perde parte dos valores rescisórios que lhe seriam devidos, caso a dispensa não fosse por justa causa.

Outra situação interessante é quando o empregado comete justa causa como contrato suspenso.

Já vimos decisões da Justiça do Trabalho no sentido de que com o contrato suspenso não se poderia despedir o empregado por justa causa.

Divergimos da tese supra, pois quando o fato for de tal gravidade não terá como o empregador manter um empregado nos quadros da empresa, ainda que o contrato de trabalho esteja suspenso. Vejamos, imagine-se que um empregado esteja suspenso por doença e regresse à empresa por qualquer motivo, e lá agride fisicamente um colega. Seria lógico mantê-lo nos quadros da empresa? Parece-nos que não. Aliás, este exemplo não é cerebrino, mas trata-se de situação concreta que este autor vivenciou como advogado.

Aliás, este tem sido o entendimento dos tribunais trabalhistas:

> Dispensa por justa causa. Auxílio-doença. Suspensão do contrato de trabalho. Efeitos. Posto que válida a dispensa por justa causa por ato faltoso ocorrido antes da suspensão do contrato de trabalho, os efeitos concretos da resilição não são integralmente implementados no período em que viger o motivo ensejador da suspensão contratual, sendo, no caso dos autos, a cessação do auxílio-doença. Recurso patronal a que se dá provimento, apenas para reconhecer a validade da dispensa motivada, postergando os efeitos consectários para o final do afastamento previdenciário. (TRT-18, RO n. 0001952-09.2010.5.18.0011, 1ª T., rel. Kathia Maria Bomtempo de Albuquerque, j. 22.08.2012)

> Recurso de revista. Dispensa durante a suspensão do contrato de trabalho por justa causa. Possibilidade. É válida a dispensa por justa causa durante a suspensão do contrato de trabalho, a qual, no entanto, somente produzirá seus efeitos quando extinto o motivo ensejador da suspensão. Precedentes. Recurso de revista de que não se conhece. (TST, RR n. 31649120115120045, 6ª T., rel. Kátia Magalhães Arruda, j. 27.05.2015, *DEJT* 29.05.2015)

Contrato de trabalho. Suspensão. Dispensa por justa causa. Possibilidade. A suspensão do contrato de trabalho, ocasionada pelo gozo de benefício previdenciário, não impede a rescisão contratual por justa causa. Recurso conhecido, em parte, e desprovido. (TRT-10, RO n. 02001-2012-006-10-00-4/DF, 2ª T., rel. João Amílcar, j. 24.09.2014, *DEJT* 03.10.2014)

SUCESSÃO E ALTERAÇÃO DA EMPRESA

Ocorre a sucessão quando uma empresa tem alienado seu patrimônio a outro empresário.

Já a alteração de uma empresa se dá quando esta ocorre em sua estrutura jurídica. São os casos de alteração de uma sociedade por cotas de responsabilidade limitada para sociedade anônima; alteração da razão social etc.

Na prática tais ocorrências jurídicas trazem muitas dúvidas a patrões e empregados. O direito do trabalho resolve de forma simples essas situações.

A Consolidação das Leis do Trabalho tem dois artigos que tratam da matéria. São os arts. 10, 10-A, 448 e 448-A.

Vejamos os referidos artigos.

Art. 10. Qualquer alteração na estrutura jurídica da empresa não afetará os direitos adquiridos por seus empregados.

Art. 10-A. O sócio retirante responde subsidiariamente pelas obrigações trabalhistas da sociedade relativas ao período em que figurou como sócio, somente em ações ajuizadas até dois anos depois de averbada a modificação do contrato, observada a seguinte ordem de preferência:

I – a empresa devedora

II – os sócios atuais;

III – os sócios retirantes

Parágrafo único. O sócio retirante responderá solidariamente com os demais quando ficar comprovada fraude na alteração societária decorrente da modificação do contrato.

[...]

Art. 448. A mudança na propriedade ou na estrutura jurídica da empresa não afetará os contratos de trabalho dos respectivos empregados.

Art. 448-A. Caracterizada a sucessão empresarial ou de empregadores prevista nos arts. 10 e 448 desta Consolidação, as obrigações trabalhistas, inclusive as contraídas à época em que os empregados trabalhavam para a empresa sucedida, são de responsabilidade do sucesso.

Se um empresário adquire uma empresa, os contratos de trabalho existentes entre as partes continuam vigendo sem qualquer alteração.

E também os contratos de trabalho extintos antes da aquisição, se existirem débitos com os ex-empregados, o novo proprietário é que responderá, pois para o direito do trabalho o importante é a proteção ao empregado.

Não raras vezes uma pessoa adquire uma empresa, altera seu nome e recebe uma notificação para responder a uma reclamação trabalhista movida por um ex-empregado da "empresa anterior". Ao procurar um advogado, este informa que não há defesa e que subsiste ao empresário responsabilidade naquele processo.

Ocorre que, com a reforma trabalhista de 2017, agora o sócio retirante responde somente em ações ajuizadas até dois anos depois de averbada a modificação do contrato.

Nossos tribunais decidem em consonância com a lei:

> Na esfera do direito do trabalho, é a empresa, com seu patrimônio, que responde pelas obrigações trabalhistas contraídas. Assim, nos termos dos arts. 10 e 448 da CLT, a mudança na propriedade ou na estrutura jurídica da empresa não afeta a solução dessas obrigações, que passam, no caso de sucessão, à responsabilidade do sucessor, o qual, portanto, não pode arvorar-se em terceiro, face à execução que lhe é movida. (TRT, 3ª R., AP n. 275/80, 2ª T., rel. Juiz Fernando Pessoa Júnior, 25.03.1981, p. 41)

> Caracterizada a sucessão trabalhista, cabe à empresa sucessora a obrigação aos direitos trabalhistas anteriormente adquiridos pelos empregados. (TRT, 8ª R., RO n. 112/81, rel. Juiz Orlando Sozinho Lobato, proferido em 06.03.1981)

Note-se, também, que de nada vale colocar no contrato de compra e venda do estabelecimento comercial cláusula que exima a responsabilidade trabalhista do adquirente.

Lembremo-nos do previsto no art. 9º da CLT: "Serão nulos de pleno direito os atos praticados com o objetivo de desvirtuar, impedir ou fraudar a aplicação dos preceitos contidos na presente Consolidação".

Nesse sentido é o seguinte julgado: "A sucessão trabalhista está sujeita a normas de direito cogente, que não podem ser derrogadas pela vontade do sucedido ou do sucessor" (TRT, 8ª R., RO n. 604/81, rel. Juiz Orlando Teixeira da Costa, proferido em 24.06.1981).

A lei trabalhista parece estar correta, pois se fosse de outro modo, um empregador poderia não respeitar os direitos de seus empregados e, para safar-se de suas obrigações, venderia a empresa e os trabalhadores nada receberiam.

GRUPO DE EMPRESAS

O § 2º do art. 2º diz:

> § 2º Sempre que uma ou mais empresas, tendo, embora, cada uma delas, personalidade jurídica própria, estiverem sob a direção, controle ou administração de outra, ou ainda quando, mesmo guardando cada uma sua autonomia, integrem grupo econômico, serão responsáveis solidariamente pelas obrigações decorrentes da relação de emprego.

O que o texto legal supratranscrito estabelece é a responsabilidade solidária de empresas pertencentes a um mesmo grupo, pelos direitos dos empregados.

Na prática ocorrem várias dúvidas quando nos deparamos com uma relação de emprego na qual o empregador seja uma empresa pertencente a grupo econômico.

É o caso do empregado contratado pela empresa A, a qual pertence ao grupo X, sendo que o trabalhador presta serviços a outras empresas do grupo, digamos B e C. Nessa hipótese, pensa-se comumente que aquele empregado tem direito a dois salários.

No caso citado, o Colendo Tribunal Superior do Trabalho emitiu a Súmula n. 129, que diz: "A prestação de serviços a mais de uma empresa do mesmo grupo econômico, durante a mesma jornada de trabalho, não caracteriza a coexistência de mais de um contrato de trabalho, salvo ajuste em contrário".

Portanto, vemos que o empregado que trabalhar para mais de uma empresa de um mesmo grupo econômico não terá direito a dois salários, salvo se houver ajuste contratual prevendo de forma contrária.

Um outro ponto que merece destaque quanto ao grupo de empresa é o referente à solidariedade passiva na hipótese de reclamação trabalhista.

Imaginemos que um ex-empregado move uma reclamatória contra uma empresa pertencente a um grupo econômico. Esta empresa é vencida no processo, só que ela não tem como saldar a dívida. Nesse caso é comum pensar-se que as outras empresas do grupo podem ser acionadas para que paguem a dívida, isso quando o processo alcança a fase de execução.

A novidade trazida pela reforma de 2017, é no que diz respeito à caracterização de grupo de empresas.

Assim se pronuncia o § 3º do mesmo art. 2º da CLT:

> § 3º Não caracteriza grupo econômico a mera identidade de sócios, sendo necessárias, para a configuração do grupo, a demonstração do interesse

integrado, a efetiva comunhão de interesses e a atuação conjunta das empresas dele integrantes.

Salutar, a nosso ver, essa alteração legal. Alguém pode ser sócio de uma empresa, digamos um frigorífico, e sócio de uma concessionária de automóveis, tendo sócios diferentes nessas empresas. Não, portanto, um grupo econômico, pois não existe o necessário interesse integrado.

Nada impede, por outro lado, que na fase de execução de uma reclamação trabalhista, que o credor peça penhora das cotas pertencentes ao sócio dessa empresa.

DESPERSONALIZAÇÃO DO EMPREGADOR

Hoje a despersonalização do empregador é teoria que se aceita sem muita discussão no âmbito das relações civis, mas que teve como campo pioneiro de sua aplicação o direito do trabalho.

Aqui, o contrato de trabalho deixa de ser *intuitu personae* quanto à pessoa do empregador, isto é, quanto ao detentor momentâneo da empresa.

É muito comum as pessoas se dizerem surpresas com o fato de que uma dívida de uma pessoa jurídica ser cobrada dos sócios quando aquela não tem capital nem bens para arcar com o cumprimento de sua obrigação.

E mais. Pela teoria da despersonalização, não somente os sócios atuais, mas os anteriores também responderão pelos créditos dos empregados que o eram ao tempo em que tais ex-sócios ainda estavam no contrato social da empresa, portanto, se beneficiando do trabalho daqueles empregados.

Vejamos esses julgados que ilustram bem o que estamos afirmando:

> Sociedade por quotas. Sócio retirante. Responsabilidade. O Código Civil de 2002 estabelece no parágrafo único do art. 1.003 que até dois anos depois de averbada a modificação do contrato, responde o cedente solidariamente com o cessionário, perante a sociedade e terceiros, pelas obrigações que tinha como sócio. Confirmado que o registro da alteração contratual ocorreu durante a prestação de serviços da reclamante, e não decorridos os dois anos previstos em lei, ficam os sócios retirantes solidariamente responsáveis com os sócios admitidos pelos créditos devidos à trabalhadora. (TRT, 3ª R., RO n. 185/2007.018.03.00-9, 6ª T., rel. João Bosco P. Lara, *DJ* 19.07.2007)

> Inexistência de patrimônio da reclamada. Responsabilidade do sócio-cotista. A responsabilidade do sócio da empresa executada pelo pagamen-

to de dívidas trabalhistas só é possível quando resta cabalmente provada a inexistência de bens da reclamada passíveis de penhora. (TRT, 10ª R., AP n. 369/2003.020.10.00-3, 1ª T., rel. Pedro Luis V. Foltran, *DJDF* 11.03.2005)

Aqui também a Reforma Trabalhista trouxe novidades.

Para que um sócio ou ex-sócio de uma empresa possa ser cobrado por dívidas desta, deverá primeiro ser chamado para se defender no processo, o que não acontecia antes de 2017.

Assim determina a CLT:

> Art. 855-A. Aplica-se ao processo do trabalho o incidente de desconsideração da personalidade jurídica previsto nos arts. 133 a 137 da Lei n. 13.105, de 16 de março de 2015 – Código de Processo Civil.
>
> § 1º Da decisão interlocutória que acolher ou rejeitar o incidente:
>
> I – na fase de cognição, não cabe recurso de imediato, na forma do § 1º do art. 893 desta Consolidação;
>
> II – na fase de execução, cabe agravo de petição, independentemente de garantia do juízo;
>
> III – cabe agravo interno se proferida pelo relator em incidente instaurado originariamente no tribunal.
>
> § 2º A instauração do incidente suspenderá o processo, sem prejuízo de concessão da tutela de urgência de natureza cautelar de que trata o art. 301 da Lei n. 13.105, de 16 de março de 2015 (Código de Processo Civil).

Se citado para se defender, o sócio terá o prazo de 15 dias pelo Código de Processo Civil.

Após a instrução do processo de desconsideração da personalidade jurídica, será prolatada uma sentença que dirá se esse sócio, ou ex-sócio, é responsável ou não pela dívida da empresa.

Exemplificamos para deixar claro. Se o credor pretende cobrar a dívida de um ex-sócio, deve primeiro requerer a desconsideração da personalidade jurídica, e digamos que este ex-sócio tenha deixado quadro e sócios da mesma empresa a mais de dois anos. Ele poderá se defender fazendo essa alegação e deverá ser vencedor no processo, não tendo de pagar a dívida.

No passado, esse sócio seria intimado a pagar e, para se defender, teria de depositar o valor da dívida ou oferecer bens à penhora.

CAPÍTULO 7

Contrato de trabalho

NATUREZA JURÍDICA DO CONTRATO DE TRABALHO

Existem duas correntes doutrinárias que dividem a natureza jurídica do vínculo que une empregado e empregador: teoria anticontratualista e teoria contratualista.

Na teoria anticontratualista, inexiste contrato entre as partes, passando o empregado a fazer parte da empresa quando nela ingressa. Existe, por essa teoria, uma simples relação de fato, ou seja, a mera ocupação do trabalhador na empresa faz nascer a figura do empregado.

Essa corrente da doutrina também ficou conhecida como institucionalista, tendo entre nós como grande defensor desta última denominação Dorval Lacerda, que fundamentou sua conclusão no fato de o empregado ter estabilidade no emprego, o que hodiernamente não existe mais, pois o festejado autor escreveu sua teoria na época da estabilidade decenal.

Para a teoria contratualista, existe um contrato que une empregado e empregador. Essa foi a teoria adotada pela lei brasileira.

Os elementos caracterizadores da natureza jurídica do contrato de trabalho são:
- natureza privada: é celebrado no campo das relações privadas;
- consensual: é um acordo de vontades livres; não depende de formas especiais previstas em lei para ter validade;
- sinalagmático perfeito: obriga ambas as partes desde sua formação bilateral e cria obrigações para ambas as partes;

- oneroso: a remuneração é requisito de sua caracterização jurídica (empregador). É oneroso para o empregado, porque este despende energias físicas ou intelectuais;
- comutativo: presume-se que o salário pago pelo empregador corresponde exatamente ao trabalho realizado pelo empregado, há uma equivalência nas obrigações;
- sucessivo: porque sua eficácia não é transitória. É contrato de trato sucessivo, ou seja, desenvolve-se dia após dia, sucessivamente;
- adesão: o empregado aceita as condições contratuais que são estabelecidas pelo empregador;
- subordinativo: uma das partes, no caso o empregado, permanentemente permanece subordinada a outra, o empregador.

FORMAS DE CONTRATAÇÃO

Quanto à forma, o contrato de trabalho pode ser avençado tácita ou expressamente (verbal ou por escrito).

Quanto à tácita, esta ocorre quando alguém presta serviços não eventuais a outrem, sob dependência deste e mediante salário, muito embora não tenham as partes contratantes externados de forma explícita e clara esta vontade. As partes, por meio da continuidade da prestação do serviço, implicitamente concordam na celebração de um contrato de trabalho. É a hipótese, por exemplo, de um pedreiro que passa em frente a um edifício em construção e lê uma placa ali fixada "Precisa-se de pedreiro". Este trabalhador, sem nada falar, começa a preparar concreto e a construir paredes, sem qualquer oposição do engenheiro encarregado da construção.

O contrato expresso é aquele em que as partes estipulam as condições da prestação do serviço de forma clara, podendo ser celebrado de forma verbal ou escrita.

O aqui comentado vem contido no art. 442 da CLT:

> Contrato individual de trabalho é o acordo tácito ou expresso, correspondente à relação de emprego.
> Parágrafo único. Qualquer que seja o ramo de atividade da sociedade cooperativa, não existe vínculo empregatício entre ela e seus associados, nem entre estes e os tomadores de serviço daquela.

A lei não exige, como se vê, que o contrato seja escrito para que tenha validade. Aliás, na prática, poucas são as relações de trabalho que têm contrato escrito; na maioria das vezes, as obrigações de ambas as partes são avençadas de forma verbal.

Não obstante o explicado, a lei exige que o empregador anote a carteira de trabalho do empregado, no prazo de 48 horas, fazendo nela constar um resumo do contrato de trabalho.

Além da forma prevista na CLT, tem-se atualmente o contrato por prazo determinado, previsto na Lei n. 9.601/98. Segundo essa lei, além dos contratos por prazo determinado previstos na CLT, poderão as convenções e os acordos coletivos instituir contratos a prazo. É uma nova espécie de contrato por tempo determinado, além da hipótese do trabalho temporário.

A Lei n. 9.601/98 foi regulamentada pelo Decreto n. 2.490/98.

Essa lei veio com o intuito de fomentar o emprego, ao permitir que os empregadores contratem empregados fora das hipóteses previstas no art. 443, § 2º, da CLT, e sem aplicar-se, nesses casos, as previsões do art. 451 da mesma consolidação.

Com a finalidade de fomentar o emprego, a lei previu que, pelo prazo de 18 meses a contar de sua publicação, ficariam reduzidas as alíquotas das contribuições sociais (Sesc, Sesi, Incra, Sebrae) e, também, a alíquota do FGTS (2%).

Para poder contratar com base na Lei n. 9.601/98, o empregador só poderá assim proceder se houver a intervenção sindical, por meio de convenção ou acordo coletivo.

Não pode, todavia, o empregador contratar número indeterminado de empregados dessa forma.

Prevê a lei que o número de empregados contratados observará o limite estabelecido no instrumento decorrente de negociação coletiva, não podendo ultrapassar os seguintes percentuais, que serão aplicados cumulativamente:

I – 50% do número de trabalhadores para parcela inferior a 50 empregados;

II – 35% do número de trabalhadores para a parcela entre 50 e 199 empregados;

III – 20% do número de trabalhadores para parcela acima de 200 empregados.

A lei ainda determina que as parcelas referidas serão calculadas sobre a média aritmética mensal do número de empregados contratados por prazo indeterminado do estabelecimento, nos seis meses imediatamente anteriores ao da data da publicação da referida lei.

Outro item importante da Lei n. 9.601/98 é que, para poder beneficiar-se das reduções por ela previstas, o empregador deverá estar em dia com as contribuições devidas ao INSS e com os depósitos do FGTS.

A referida lei não caiu na graça dos empregadores, sendo ínfima sua aplicação. Tudo leva a crer que, se não houver mudanças em seu texto, será mais uma lei sem aplicação no Brasil.

Estudemos então a Carteira de Trabalho e Previdência Social.

CARTEIRA DE TRABALHO E PREVIDÊNCIA SOCIAL

A CTPS (Carteira de Trabalho e Previdência Social) é de tamanha importância que o legislador lhe dedicou um capítulo da CLT (Capítulo I, do Título II).

Quanto à CTPS, ela é estudada nos arts. 13 a 40 da CLT. Da análise desses artigos, pode-se extrair como pontos mais importantes:
- nenhum empregado pode ser admitido como tal sem apresentar a carteira de trabalho;
- o empregador em cinco dias deve fazer as anotações necessárias, sendo obrigado a devolvê-la ao trabalhador.

Ressalte-se que desde 2019, a CLT sofreu alterações, pelas quais, entre elas, permite-se as anotações eletrônicas, atentando à modernidade. Inclusive, basta o trabalhador hoje em dia informar seu número de CPF ao empregador, para que este, eletronicamente, faça as anotações necessárias, sendo que hoje a CTPS é acessível em um *smartphone*.

Atente-se para um ponto importante: as anotações na CTPS não constituem o contrato de trabalho e, sim, como já frisado, apenas um resumo dele.

As anotações na CTPS não fazem prova absoluta, mas, sim, relativa. Isso quer dizer que pode a carteira de trabalho não refletir a verdade. Exemplifiquemos.

Pode um empregado ter anotado seu período de gozo de férias na carteira, e, na realidade, ele prestou serviços nesse período. Ao provar isso, esse trabalhador terá direito ao recebimento de mais um salário (acrescido de 1/3), conforme determina o art. 137 da CLT.

O empregado que não tiver anotado o extrato de seu contrato de trabalho em sua CTPS poderá fazer tal exigência mediante reclamação junto à Delegacia Regional do Trabalho – DRT, conforme preceituado no art. 36 da CLT:

> Recusando-se a empresa a fazer as anotações a que se refere o art. 29 ou a devolver a Carteira de Trabalho e Previdência Social recebida, poderá

o empregado comparecer, pessoalmente ou por intermédio de seu sindicato, perante a Delegacia Regional ou órgão autorizado, para apresentar reclamação.

Segundo Emílio Gonçalves, a CTPS tem tríplice importância:

> 1. constitui documento de identificação e qualificação profissional do trabalhador; 2. fornece às autoridades administrativas os elementos necessários para manutenção e atualização do cadastro profissional dos trabalhadores, possibilitando ao Governo, de posse dos dados estatísticos obtidos através da emissão das carteiras, adotar diretrizes no tocante ao planejamento do mercado de trabalho nacional; 3. destina-se a servir de prova do contrato de trabalho. (*Carteira de trabalho e previdência social*, 1977. p. 6)

PRAZOS DO CONTRATO

O contrato de trabalho poderá ser celebrado por prazo determinado ou indeterminado.
O art. 443 da CLT diz que:

> Art. 443. O contrato individual de trabalho poderá ser acordado tácita ou expressamente, verbalmente ou por escrito, por prazo determinado ou indeterminado, ou para prestação de trabalho intermitente.
> § 1º Considera-se como de prazo determinado o contrato de trabalho cuja vigência dependa de termo prefixado ou de execução de serviços especificados ou ainda da realização de certo acontecimento suscetível de previsão aproximada.
> § 2º O contrato por prazo determinado só será válido em se tratando:
> *a)* de serviço cuja natureza ou transitoriedade justifique a predeterminação do prazo;
> *b)* de atividades empresariais de caráter transitório;
> *c)* de contrato de experiência.
> § 3º Considera-se como intermitente o contrato de trabalho no qual a prestação de serviços, com subordinação, não é contínua, ocorrendo com alternância de períodos de prestação de serviços e de inatividade, determinados em horas, dias ou meses, independentemente do tipo de atividade do empregado e do empregador, exceto para os aeronautas, regidos por legislação própria.

Quanto ao contrato por prazo determinado, vemos que a lei restringe as possibilidades de sua adoção. Como se vê, a determinação de prazo só é possível nas hipóteses de serviço que dependa de termo prefixado, de serviços específicos com final certo, ou com acontecimento com final também previsível quanto à data.

Para tornar mais claro o que foi dito anteriormente, atente-se para os seguintes exemplos:

- *Serviços que dependem de termo prefixado*: a construção de uma ponte durante seis meses.
- *Serviços específicos com final certo*: a implantação de um sistema de computação em um escritório.
- *Serviços com final previsível*: o trabalho prestado em uma feira de exposições, ou em espetáculos de teatro.

O § 2º do art. 443 especifica as hipóteses de adoção do contrato a prazo. Vemos que uma delas é o contrato de experiência. Nesse há uma diferença em relação aos outros contratos com final prefixado. É que existe a possibilidade de o mesmo vir a viger por tempo indeterminado. O contrato intermitente.

O contrato de experiência não poderá ultrapassar 90 dias, conforme determina o parágrafo único do art. 445 da CLT.

Se o contrato de experiência ultrapassar os 90 dias, passará a viger por prazo indeterminado, conforme preceito contido no art. 451 da CLT: "O contrato de trabalho por prazo determinado que, tácita ou expressamente, for prorrogado mais de uma vez, passará a vigorar sem determinação de prazo".

A grande novidade é a previsão da contratação pela forma intermitente.

CONTRATO DE TRABALHO INTERMITENTE

O contrato de trabalho intermitente foi introduzido em nosso ordenamento jurídico pela Lei n. 13.467/2017, conhecida como Reforma Trabalhista.

O legislador reformista coloca o trabalho intermitente como um dos meios de contratação previstas no art. 443 da CLT, ao lado da forma e do prazo já anteriormente previstos, o que mostra grande impropriedade, pois a intermitência não é forma do contrato nem prazo, mas um tipo de contrato que, como se verá, deve ser celebrado por escrito e por prazo indeterminado.

Na doutrina já se discutia bem antes da reforma se o contrato de trabalho poderia ser suspenso durante certo tempo naquelas atividades sazonais, como em hotéis em regiões de férias (praia, campo e montanhas). Ocorre que, antes da inovação legal, para se suspender o trabalho seria necessária a concordância do empregado.

Era muito comum, em regiões de veraneio, que trabalhadores fossem contratados sem formalização do contrato para desempenharem suas atividades durante o período do verão, sendo em seguida dispensados, o que, muitas vezes, ocasionava a busca da Justiça do Trabalho por esses trabalhadores para verem reconhecido seu direito à anotação em CTPS e os demais direitos trabalhistas. Na maior parte dos processos, chegava-se a um acordo, e, no verão seguinte, o mesmo trabalhador era contratado da mesma forma, buscando ao final do período de verão a Justiça do Trabalho, celebrava o acordo e, assim, continuava esse círculo vicioso.

Portanto, nosso entendimento é o de que o contrato intermitente chega tardiamente em nosso ordenamento jurídico, pois será excelente instrumento de pacificação social.

Claro que tal contratação poderá ser exercida fraudulentamente, mas isso, caso ocorra, exigirá atitudes dos órgãos governamentais, sejam os administrativos sejam os judiciais, para rechaçar e punir eventuais desvios na aplicação da lei.

Vamos à análise da lei.

O legislador conceitua o trabalho intermitente no § 3º do art. 443, afirmando que trabalho intermitente é aquele que não tem continuidade, embora subordinado.

O legislador afasta a continuidade como fator de caracterização da existência de relação de emprego, como previsto no art. 3º da CLT. Todavia, coube à doutrina flexibilizar o entendimento de continuidade ali previsto. Entendemos que trabalho contínuo pode ser aquele prestado de forma não eventual dentro do que for pactuado. Logo, não perde a continuidade um trabalho constante que se executa mensalmente, por exemplo, a atividade docente ou até mesmo o plantão médico.

Requisitos para a celebração de um contrato de trabalho intermitente

- Contrato escrito, pois as condições de trabalho devem ser claras e objetivas, sem dar margem a que o trabalhador alegue desconhecimento. Na MP n. 808/2017, trazia desnecessário indicativo da lei de que o dito pacto fosse registrado em CTPS.
- No contrato deve constar o valor da hora trabalhada, nunca inferior ao salário mínimo horário, com garantia do pagamento, se maior que este,

do salário devido aos demais empregados do estabelecimento que exerçam a mesma função do trabalhador contratado por contrato de trabalho intermitente.
- Deverá o empregador convocar o empregado para que exerça suas funções com, pelo menos, antecedência de três dias corridos. Medida salutar, mas esse prazo poderia ser um pouco maior, pois o empregado pode estar prestando serviços a outra empresa, como empregado ou não, e não poder aquiescer ao chamado.
- Recebida a convocação, o empregado terá o prazo de um dia para responder se aceita ou não, sendo que no silêncio presume-se que recusou. A lei não informa como seria esse chamado, limitando-se a afirmar "por qualquer meio de comunicação", ou seja, até mesmo um aviso de um colega de trabalho do empregado ou qualquer outra pessoa. Telegrama, *e-mail* e carta deverão ser os meios mais utilizados.
- A lei ainda afirma que a recusa do empregado não descaracteriza a subordinação, elemento inerente ao contrato de trabalho. Com isso, protege-se o trabalhador e, ao mesmo tempo, mantém-se que se trata de uma relação de emprego.
- A lei também deixou claro que o período sem trabalho, ou seja, de suspensão, não será considerado tempo à disposição do empregador.
- O § 6º declara que o empregado deverá receber ao final do período da prestação de serviço a remuneração, férias proporcionais com acréscimo de um terço, décimo terceiro salário proporcional, repouso semanal remunerado e adicionais legais. A medida é salutar, mas o empregado perde seus ganhos nos períodos próprios de férias e do décimo terceiro salário, isto é, não terá ganhos no final do ano nem em seu período de descanso anual, e, como se sabe, dinheiro na mão é vendaval, ninguém guarda, até porque não se está falando de fortuna, mas de singelos valores de salário.
- O recibo de pagamento deverá trazer especificados os valores de cada verba paga ao empregado.
- O empregador recolherá os valores de FGTS e INSS devidos, tendo de fornecer cópias ao empregado. Burocrática, mas salutar determinação que protege o empregado e lhe dá tranquilidade por saber que essas obrigações estão sendo cumpridas.
- Quanto às férias, o empregado não poderá ser convocado para trabalhar após um período de 12 meses de trabalho. Aqui temos o problema anterior, ou seja, não terá dinheiro para gastar nas férias.

CONTRATO DE SAFRA

Contrato típico das relações de trabalho no campo. Tal contrato tem como termo final ser fixado em função das variações próprias da atividade agrária.

Logo, é uma espécie de contrato por prazo determinado, pois é autorizado em razão de se tratar de um serviço cuja natureza e transitoriedade justifique a predeterminação de prazo, sendo previsto especificamente no art. 14 da Lei n. 5.889/73:

> Art. 14. Expirado normalmente o contrato, a empresa pagará ao safrista, a título de indenização do tempo de serviço, importância correspondente a 1/12 (um doze avos) do salário mensal, por mês de serviço ou fração superior a 14 (quatorze) dias.
> Parágrafo único. Considera-se contrato de safra o que tenha sua duração dependente de variações estacionais da atividade agrária.

A Lei n. 11.718/2008 trouxe alteração à Lei n. 5.889/73, incluindo o art. 14-A, que cria mais uma espécie de contrato por prazo determinado no meio rural:

> Art. 14-A. O produtor rural pessoa física poderá realizar contratação de trabalhador rural por pequeno prazo para o exercício de atividades de natureza temporária.
> § 1º A contratação de trabalhador rural por pequeno prazo que, dentro do período de 1 (um) ano, superar 2 (dois) meses fica convertida em contrato de trabalho por prazo indeterminado, observando-se os termos da legislação aplicável.
> § 2º A filiação e a inscrição do trabalhador de que trata este artigo na Previdência Social decorrem, automaticamente, da sua inclusão pelo empregador na Guia de Recolhimento do Fundo de Garantia do Tempo de Serviço e Informações à Previdência Social – GFIP, cabendo à Previdência Social instituir mecanismo que permita a sua identificação.
> § 3º O contrato de trabalho por pequeno prazo deverá ser formalizado mediante a inclusão do trabalhador na GFIP, na forma do disposto no § 2º deste artigo, e:
> I – mediante a anotação na Carteira de Trabalho e Previdência Social e em Livro ou Ficha de Registro de Empregados; ou
> II – mediante contrato escrito, em 2 (duas) vias, uma para cada parte, onde conste, no mínimo:

a) expressa autorização em acordo coletivo ou convenção coletiva;

b) identificação do produtor rural e do imóvel rural onde o trabalho será realizado e indicação da respectiva matrícula;

c) identificação do trabalhador, com indicação do respectivo Número de Inscrição do Trabalhador – NIT.

§ 4º A contratação de trabalhador rural por pequeno prazo só poderá ser realizada por produtor rural pessoa física, proprietário ou não, que explore diretamente atividade agroeconômica.

§ 5º A contribuição do segurado trabalhador rural contratado para prestar serviço na forma deste artigo é de 8% (oito por cento) sobre o respectivo salário-de-contribuição definido no inciso I do *caput* do art. 28 da Lei n. 8.212, de 24 de julho de 1991.

§ 6º A não inclusão do trabalhador na GFIP pressupõe a inexistência de contratação na forma deste artigo, sem prejuízo de comprovação, por qualquer meio admitido em direito, da existência de relação jurídica diversa.

§ 7º Compete ao empregador fazer o recolhimento das contribuições previdenciárias nos termos da legislação vigente, cabendo à Previdência Social e à Receita Federal do Brasil instituir mecanismos que facilitem o acesso do trabalhador e da entidade sindical que o representa às informações sobre as contribuições recolhidas.

§ 8º São assegurados ao trabalhador rural contratado por pequeno prazo, além de remuneração equivalente à do trabalhador rural permanente, os demais direitos de natureza trabalhista.

§ 9º Todas as parcelas devidas ao trabalhador de que trata este artigo serão calculadas dia a dia e pagas diretamente a ele mediante recibo.

§ 10. O Fundo de Garantia do Tempo de Serviço – FGTS deverá ser recolhido e poderá ser levantado nos termos da Lei n. 8.036, de 11 de maio de 1990.

VENDEDOR COM VÍNCULO DE EMPREGO

O vendedor empregado tem, além das regras da CLT, outras próprias previstas na Lei n. 3.207/57.

Tais regras especiais tratam: do pagamento das comissões; da data do pagamento dessas comissões; da fiscalização e inspeção pelo vendedor dos pagamentos dos compradores; da exclusividade da zona de trabalho etc.

Nessa modalidade de trabalho, é comum o pagamento de comissões, podendo ser do tipo comissionamento puro ou comissionamento misto.

O primeiro reside no fato de que o vendedor somente recebe pelas vendas efetuadas; quanto ao segundo, além do variável, o vendedor recebe um valor fixo.

O pagamento das comissões deve ser efetuado mensalmente, mas a Lei n. 3.207/57 autoriza que, mediante acordo bilateral, o pagamento possa ser efetuado até três meses após a aceitação do negócio.

Mesmo com o término do contrato de trabalho, o vendedor terá direito ao recebimento das comissões sobre as vendas efetivadas.

DURAÇÃO SEMANAL E JORNADA DE TRABALHO

A Constituição Federal, no inciso XIII, do art. 7º, assegura aos empregados "duração do trabalho normal não superior a oito horas diárias e quarenta e quatro semanais, facultada a compensação de horários e a redução de jornada, mediante acordo ou convenção coletiva de trabalho".

Jornada é termo utilizado para expressar a duração diária do trabalho. Essa é, como vemos, de no máximo oito horas diárias.

A duração semanal será no máximo de 44 horas.

Nada impede que a lei ou as partes adotem jornadas inferiores a oito horas, bem como duração semanal inferior às 44 horas permitidas pela Constituição. É o caso dos bancários que têm sua jornada limitada a seis horas, conforme prevê o art. 224 da própria CLT: "Art. 224. A duração normal do trabalho dos empregados em bancos, casas bancárias e Caixa Econômica Federal será de 6 (seis) horas contínuas nos dias úteis, com exceção dos sábados, perfazendo um total de 30 (trinta) horas de trabalho por semana".

Os bancários constituem apenas um exemplo, pois temos ainda os jornalistas, os cabineiros de elevador, os operadores cinematográficos e tantas outras profissões que a lei determina jornada inferior a oito horas.

REPOUSOS DURANTE A VIGÊNCIA DO CONTRATO DE TRABALHO

A lei prevê alguns períodos de descanso durante a vigência do contrato de trabalho. Esses podem ser durante a jornada, entre uma e outra jornada, após uma semana de trabalho, após um ano de trabalho.

Os intervalos de repouso servem para o trabalhador repor as energias despendidas com a prestação dos serviços.

Os intervalos dentro da própria jornada de trabalho vêm capitulados no art. 71 da CLT:

Em qualquer trabalho contínuo, cuja duração exceda de 6 (seis) horas, é obrigatória a concessão de um intervalo para repouso ou alimentação, o qual será, no mínimo, de 1 (uma) hora e, salvo acordo escrito ou convenção coletiva em contrário, não poderá exceder de 2 (duas) horas.

§ 1º Não excedendo de 6 (seis) horas o trabalho, será, entretanto, obrigatório um intervalo de 15 (quinze) minutos quando a duração ultrapassar 4 (quatro) horas.

§ 2º Os intervalos de descanso não serão computados na duração do trabalho.

§ 3º O limite mínimo de 1 (uma) hora para repouso ou refeição poderá ser reduzido por ato do Ministro do Trabalho quando, ouvido o Departamento Nacional de Segurança e Higiene do Trabalho (DNSHT), se verificar que o estabelecimento atende integralmente às exigências concernentes à organização dos refeitórios e quando os respectivos empregados não estiverem sob regime de trabalho prorrogado a horas suplementares.

§ 4º A não concessão ou a concessão parcial do intervalo intrajornada mínimo, para repouso e alimentação, a empregados urbanos e rurais, implica o pagamento, de natureza indenizatória, apenas do período suprimido, com acréscimo de 50% (cinquenta por cento) sobre o valor da remuneração da hora normal de trabalho.

Vemos que a lei determina um intervalo para repouso e alimentação de, no mínimo, uma hora e, no máximo, duas horas, quando a jornada extrapolar seis horas.

No caso das atividades em que a jornada não exceda as seis horas, será obrigatório um intervalo de 15 minutos, mas desde que a jornada seja de no mínimo quatro horas.

É oportuno neste ponto tratarmos dos digitadores. Muito se fala nas empresas em que o digitador tem jornada de seis horas. Não é bem assim. Vejamos o que diz a CLT:

Art. 72. Nos serviços permanentes de mecanografia (datilografia, escrituração ou cálculo), a cada período de 90 (noventa) minutos de trabalho consecutivo corresponderá um repouso de 10 (dez) minutos não deduzidos da duração normal de trabalho.

Logo, por analogia, o digitador equipara-se ao datilógrafo, tendo direito a reduções de 10 minutos a cada 90 trabalhados. A não concessão dos intervalos dá ensejo ao recebimento desses intervalos como hora extra.

Vejamos os seguintes julgados:

A atividade do digitador, exercida de forma permanente, requer tanto esforço quanto a do datilógrafo, especialmente quando este utiliza as modernas máquinas elétricas. Aplica-se, pois, ao digitador, por analogia extensiva, o disposto no art. 72 da CLT. (TST, RR n. 5.429/89.0, rel. Manoel de Freitas, Ac. 3ª T., 3.174/91).

Digitador. Permitida a analogia de que fala o art. 8º, da CLT, e aplicação dos preceitos do art. 72, da CLT, para o pagamento como horas extraordinárias, dos intervalos de dez (10) minutos a cada noventa (90), sonegados pela empresa (TRT-SP, RO n. 20.914/89.2, rel. Francisco de Oliveira, Ac. 4ª T., 7.364/91).

O descanso entre duas jornadas é previsto no art. 66 da CLT: "Entre 2 (duas) jornadas de trabalho haverá um período mínimo de 11 (onze) horas consecutivas para descanso".

O princípio legal é o de dar ao trabalhador um período de descanso entre duas jornadas para reposição de energias e também para que o trabalhador possa dedicar-se a outras atividades.

O repouso semanal e o anual (férias) serão estudados em capítulos separados.

HORAS EXTRAS

A limitação da jornada de trabalho foi uma das conquistas dos trabalhadores mais sofrida e mais importante. Do trabalho exercido em longas jornadas durante a Revolução Industrial, chegou-se hoje a limites suportáveis pelo organismo humano. No Brasil, como de resto na maior parte dos países, a jornada de trabalho é limitada em oito horas. Todavia, existem situações nas quais se faz necessária a prorrogação da jornada para atender ao desenvolvimento do serviço.

Pode a jornada ser prorrogada por acordo entre as partes. Este acordo poderá ser o individual ou o coletivo, assim como por norma coletiva. A CLT (art. 59) prevê que essa prorrogação será de, no máximo, duas horas, devendo ser acrescida de, no mínimo, 50% sobre o valor da hora normal.

Outra possibilidade de se trabalhar em jornada suplementar ocorre no caso de compensação de horas, que consiste na distribuição das horas de uma jornada por outra ou outras jornadas.

Essa prática é muito comum nas empresas que não trabalham aos sábados. Nesse caso, as quatro horas que deveriam ser cumpridas nesse dia são distribuídas durante a semana. Deve-se fazer tal pactuação por meio de acordo de compensação, o que poderá ser individual ou coletivo.

A Lei n. 13.467/2017 trouxe novidades no tocante ao banco de horas, pois agora este pode ser celebrado por acordo individual escrito e desde que a compensação se dê no prazo de seis meses.

Pode também ser realizado o trabalho suplementar, nos casos de força maior. Este é o acontecimento imprevisível, inevitável, para o qual o empregador não concorreu.

Superando discussão anterior à Constituição de 1988, mesmo nesses casos o excesso de jornada deverá ser pago com o acréscimo de 50%.

Por outro lado, hoje a CLT não determina mais que as autoridades sejam comunicadas do excesso das horas de trabalho como determinava antigamente. Tal alteração está no § 1º do art. 61 da CLT: "§ 1º O excesso, nos casos deste artigo, pode ser exigido independentemente de convenção coletiva ou acordo coletivo de trabalho".

Permite, ainda, a CLT, que sejam praticadas horas suplementares para a conclusão de serviços inadiáveis. Nesses casos, o empregado poderá ter sua jornada acrescida de até quatro horas, perfazendo um total de 12 horas de trabalho.

À guisa de curiosidade, esclarece-se que até o jogador de futebol terá direito ao recebimento de horas extras, quando tiver extrapolada sua jornada em mais de oito horas, ou mais de 44 horas na semana (*vide* nosso *Os Atletas profissionais de futebol no direito do trabalho*, citado na bibliografia).

Outra novidade da legislação foi a permissão da celebração de acordo individual para a realização de jornada de trabalho 12 × 36, ou seja, 12 horas de trabalho por 36 de descanso.

Vejamos como está redigida a lei:

> Art. 59-A. Em exceção ao disposto no art. 59 desta Consolidação, é facultado às partes, mediante acordo individual escrito, convenção coletiva ou acordo coletivo de trabalho, estabelecer horário de trabalho de doze horas seguidas por trinta e seis horas ininterruptas de descanso, observados ou indenizados os intervalos para repouso e alimentação.

Outra novidade é no tocante ao número de empregados para a empresa ter de manter registro obrigatório de frequência diária, que antes era de dez e hoje é de vinte, conforme, a redação do art.74, § 2º, da CLT.

Outra inovação é a permissão da chamada hora extra por exceção, que é prevista no mesmo art. 74, § 4º, da CLT.

JORNADA NOTURNA

O trabalho noturno para a atividade urbana (CLT) é aquele realizado entre as 22 horas de um dia e as 5 horas do dia seguinte. A hora noturna é computada como de 52 minutos e 30 segundos, de tal modo que sete horas noturnas correspondem a oito diurnas. A hora noturna tem um acréscimo de 20% sobre a hora normal.

A prorrogação de jornada noturna recebe o mesmo tratamento desta, ou seja, há o acréscimo de 20% sobre o valor da hora diurna, quando o empregado prorrogar a jornada a partir das 5 horas.

Problema que se enfrentou durante muito tempo foi relativo às horas extras que se seguiam à jornada noturna, se essas horas deveriam ser pagas com o acréscimo de 20% ou não.

O Tribunal Superior do Trabalho acabou com as dúvidas, determinando que se paguem as horas extras seguidas a uma jornada noturna como se horas noturnas fossem.

> Súmula n. 60. Adicional noturno. Integração no salário e prorrogação em horário diurno. (RA n. 105/1974, *DJ* 24.10.1974. Nova redação em decorrência da incorporação da Orientação Jurisprudencial n. 6 da SDI-1 – Res. n. 129/2005, *DJ* 20.04.2005)
> [...]
> II – Cumprida integralmente a jornada no período noturno e prorrogada esta, devido é também o adicional quanto às horas prorrogadas. Exegese do art. 73, § 5º, da CLT (ex-OJ n. 6 – Inserida em 25.11.1996):

Tratando-se de jornada especial no regime 12 × 36 (12 horas de trabalho por 36 de descanso), o TST assim pacificou seu entendimento:

> OJ n. 388. Jornada 12 × 36. Jornada mista que compreenda a totalidade do período noturno. Adicional noturno. Devido. (DEJT 09.06.2010)
> O empregado submetido à jornada de 12 horas de trabalho por 36 de descanso, que compreende a totalidade do período noturno, tem direito ao adicional noturno, relativo às horas trabalhadas após as 5 horas da manhã.

SOBREAVISO

O regime de sobreaviso surge em nossa legislação por conta do trabalho em ferrovias estando previsto na CLT:

Art. 244. As estradas de ferro poderão ter empregados extranumerários, de sobre-aviso e de prontidão, para executarem serviços imprevistos ou para substituições de outros empregados que faltem à escala organizada.
[...]
§ 2º Considera-se de "sobreaviso" o empregado efetivo, que permanecer em sua própria casa, aguardando a qualquer momento o chamado para o serviço. Cada escala de "sobreaviso" será, no máximo, de vinte e quatro horas, as horas de "sobreaviso", para todos os efeitos, serão contadas à razão de 1/3 (um terço) do salário normal.

Até meados dos anos 1990, esta previsão era aplicada por analogia aos trabalhadores da área da informática, particularmente aos bancários que eram chamados após o seu horário normal de trabalho, inclusive em finais de semana, para resolverem assuntos e problemas nas empresas, sendo que ficava à disposição aguardando ser chamados. Era a época dos "bipes".

Como afirmado, o Tribunal Superior do Trabalho passou a decidir no sentido de que tal artigo de lei não poderia ser aplicado por analogia aos demais trabalhadores, pois era norma específica para trabalhadores em ferrovias.

O tempo passa, e, com o advento dos aparelhos de telefone celular, voltou a discussão sobre a aplicação analógica do artigo da CLT para os trabalhadores que ficam à disposição do empregador aguardando a possibilidade de serem chamados.

Em 2012 o Tribunal Superior do Trabalho editou a Súmula n. 428, que assim se posiciona:

SOBREAVISO. APLICAÇÃO ANALÓGICA DO ART. 244, § 2º, DA CLT
I – O uso de instrumentos telemáticos ou informatizados fornecidos pela empresa ao empregado, por si só, não caracteriza o regime de sobreaviso.
II – Considera-se em sobreaviso o empregado que, à distância e submetido a controle patronal por instrumentos telemáticos ou informatizados, permanecer em regime de plantão ou equivalente, aguardando a qualquer momento o chamado para o serviço durante o período de descanso.

Portanto, agora o entendimento é o de que os trabalhadores, que ficam aguardando ser chamados pelo empregador por sistemas telemáticos, têm direito de receber o adicional de sobreaviso.

CAPÍTULO 8

Remuneração e salário

TERMINOLOGIA LEGAL

Em razão da confusão terminológica causada pela redação da lei, discute-se no campo doutrinário qual seria a distinção existente entre os vocábulos *remuneração* e *salário*.

Atentemos para a redação do art. 457 da CLT: "Compreendem-se na remuneração do empregado, para todos os efeitos legais, além do salário devido e pago diretamente pelo empregador, como contraprestação do serviço, as gorjetas que receber".

Da análise do texto legal supra, poderíamos concluir que "salário" seria uma espécie do gênero "remuneração".

Mas se analisarmos o § 1º do mesmo artigo, veremos que a conclusão anterior não está correta: "§ 1º Integram o salário a importância fixa estipulada, as gratificações legais e as comissões pagas pelo empregador".

Vemos, então, que a lei utiliza o termo *salário* no lugar de remuneração.

A bem da verdade, parece-nos que o termo *remuneração* indica que ele é a soma do salário mais gorjetas.

Por sua vez, *salário* indica a parte fixa mais a parte variável pagas diretamente pelo empregador ao empregado.

Não obstante, a doutrina trabalhista dividir-se quanto à distinção dos termos *salário* e *remuneração*, cremos que o melhor é a fórmula por nós proposta, ou seja, a de que remuneração é igual a salário mais gorjetas.

Portanto, não está errado dizer que um bancário recebe remuneração.

GORJETA

Ela é a responsável pela distinção legal entre remuneração e salário. Consiste em uma liberalidade em dinheiro dada pelo cliente ao prestador de serviço que o tenha atendido.

Frise-se que o empregado não pode receber apenas as gorjetas, devendo esse empregado ter assegurado, pelo menos, um salário mínimo.

A gorjeta é definida no § 3º do art. 457 da CLT.

> Art. 457. [...]
> § 3º Considera-se gorjeta não só a importância espontaneamente dada pelo cliente ao empregado, como também o valor cobrado pela empresa, como serviço ou adicional, a qualquer título, e destinado à distribuição aos empregados.

O Tribunal Superior do Trabalho emitiu a Súmula n. 354, a qual assim se pronuncia quanto às gorjetas:

> GORJETAS. NATUREZA JURÍDICA. REPERCUSSÕES. As gorjetas, cobradas pelo empregador na nota de serviço ou oferecidas espontaneamente pelos clientes, integram a remuneração do empregado, não servindo de base de cálculo para parcelas de aviso-prévio, adicional noturno, horas extras e repouso semanal.

DIÁRIAS E AJUDA DE CUSTO

Quando um empregado cumpre seu trabalho em uma localidade distante de onde o mesmo reside, o empregador arca com as despesas do período de afastamento. A essas despesas dá-se o nome de *diárias*.

A *ajuda de custo* tem por finalidade cobrir os gastos que tem o empregado, sendo os mesmos necessários e até indispensáveis ao desempenho do trabalho. É o caso, por exemplo, de um vendedor que recebe ajuda de custo mensal para cobrir os gastos com combustível de seu veículo.

O § 2º do art. 457 da CLT estabelece que:

> Art. 457. [...]
> § 2º As importâncias, ainda que habituais, pagas a título de ajuda de custo, auxílio-alimentação, vedado seu pagamento em dinheiro, diárias para viagem, prêmios e abonos não integram a remuneração do empregado, não

se incorporam ao contrato de trabalho e não constituem base de incidência de qualquer encargo trabalhista e previdenciário.

As verbas acima não têm natureza jurídica salarial, o que foi alterado pela Reforma Trabalhista (Lei n. 13.467/2017).

A lei excluiu o vale-alimentação, caso este seja pago em dinheiro. Entendemos que tal discriminação não tem razão de existir, pois poderá um pequeno empregador, que tenha, digamos, um empregado, fazer o pagamento em dinheiro sem ter de adquirir vales para dar ao seu empregado.

SALÁRIO *IN NATURA*

Também é chamado salário utilidade. Sua previsão legal encontra-se no art. 458 da CLT:

> Além do pagamento em dinheiro, compreende-se no salário, para todos os efeitos legais, a alimentação, habitação, vestuário ou outras prestações *in natura* que a empresa, por força do contrato ou do costume, fornecer habitualmente ao empregado. Em caso algum será permitido o pagamento com bebidas alcoólicas ou drogas nocivas.

É o caso do zelador de prédio de apartamentos, que recebe moradia.

Entre empregados mais graduados, seria o caso daqueles gerentes que têm automóvel cedido pelo empregador. É oportuno deixar claro que a utilidade fornecida pelo empregador só se constituirá em salário se este não for utilizado no desempenho do trabalho. Usando ainda o exemplo do veículo, se este for dado a um vendedor para que ele o utilize somente em suas atividades, não existirá caráter salarial.

Enfim, tudo que o empregador fornecer ao empregado para o trabalho não será considerado salário; tudo o que for fornecido pelo trabalho será salário, devendo incidir no pagamento de férias, décimo terceiro salário, aviso-prévio, depósitos ao FGTS e recolhimentos previdenciários.

O art. 458 teve importante alteração. Trata-se do § 2º, que tem esta redação:

> § 2º Para os efeitos previstos neste artigo, não serão consideradas como salário as seguintes utilidades concedidas pelo empregador:
> I – vestuários, equipamentos e outros acessórios fornecidos aos empregados e utilizados no local de trabalho, para a prestação do serviço;

II – educação, em estabelecimento de ensino próprio ou de terceiros, compreendendo os valores relativos à matrícula, mensalidade, anuidade, livros e material didático;
III – transporte destinado ao deslocamento para o trabalho e retorno em percurso servido ou não por transporte público;
IV – assistência médica, hospitalar e odontológica, prestada diretamente ou mediante seguro-saúde;
V – seguros de vida e de acidentes pessoais;
VI – previdência privada;
VII – (vetado)
VIII – o valor correspondente ao vale-cultura.

Os benefícios apresentados não têm natureza jurídica salarial, sendo que a Lei n. 13.467/2017 exclui também para efeitos de recolhimentos previdenciários os seguintes benefícios:

§ 5º O valor relativo à assistência prestada por serviço médico ou odontológico, próprio ou não, inclusive o reembolso de despesas com medicamentos, óculos, aparelhos ortopédicos, próteses, órteses, despesas médico-hospitalares e outras similares, mesmo quando concedido em diferentes modalidades de planos e coberturas, não integram o salário do empregado para qualquer efeito nem o salário de contribuição, para efeitos do previsto na alínea *q* do § 9º do art. 28 da Lei n. 8.212, de 24 de julho de 1991.

EQUIPARAÇÃO SALARIAL

Atentemos para os termos do art. 461 da CLT, alterado pela Lei n. 13.467/2017:

Art. 461. Sendo idêntica a função, a todo trabalho de igual valor, prestado ao mesmo empregador, no mesmo estabelecimento empresarial, corresponderá igual salário, sem distinção de sexo, etnia, nacionalidade ou idade.
§ 1º Trabalho de igual valor, para os fins deste Capítulo, será o que for feito com igual produtividade e com a mesma perfeição técnica, entre pessoas cuja diferença de tempo de serviço para o mesmo empregador não seja superior a quatro anos e a diferença de tempo na função não seja superior a dois anos.
§ 2º Os dispositivos deste artigo não prevalecerão quando o empregador tiver pessoal organizado em quadro de carreira ou adotar, por meio de nor-

ma interna da empresa ou de negociação coletiva, plano de cargos e salários, dispensada qualquer forma de homologação ou registro em órgão público.

§ 3º No caso do § 2º deste artigo, as promoções poderão ser feitas por merecimento e por antiguidade, ou por apenas um destes critérios, dentro de cada categoria profissional.

§ 4º O trabalhador readaptado em nova função por motivo de deficiência física ou mental atestada pelo órgão competente da Previdência Social não servirá de paradigma para fins de equiparação salarial.

§ 5º A equiparação salarial só será possível entre empregados contemporâneos no cargo ou na função, ficando vedada a indicação de paradigmas remotos, ainda que o paradigma contemporâneo tenha obtido a vantagem em ação judicial própria.

§ 6º No caso de comprovada discriminação por motivo de sexo ou etnia, o juízo determinará, além do pagamento das diferenças salariais devidas, multa, em favor do empregado discriminado, no valor de 50% (cinquenta por cento) do limite máximo dos benefícios do Regime Geral de Previdência Social.

A norma consolidada está em consonância com o art. 7º, XXX, da Constituição da República, que diz: "XXX – proibição de diferença de salários, de exercício de funções e de critério de admissão por motivo de sexo, idade, cor ou estado civil".

Na verdade, o princípio constitucional da isonomia salarial sofre exceções, isto é, trata-se de uma igualdade relativa.

Melhor esclarecendo, só terá direito ao mesmo salário que outro empregado aquele que exercer função idêntica, desde que trabalhe na mesma empresa e mesmo estabelecimento, que se trate de trabalho executado com a mesma produtividade e a mesma perfeição técnica, e, ainda, que seja entre pessoas cuja diferença de tempo de serviço não seja superior a quatro anos e a diferença de tempo na função não seja superior a dois anos.

PROTEÇÃO AO SALÁRIO

O salário deve ser pago em períodos não superiores a um mês, exceção feita a comissões, percentagens e gratificações, é o que diz o art. 459 da CLT:

> O pagamento do salário, qualquer que seja a modalidade do trabalho, não deve ser estipulado por período superior a 1 (um) mês, salvo no que concerne a comissões, percentagens e gratificações.

§ 1º Quando o pagamento houver sido estipulado por mês, deverá ser efetuado, o mais tardar, até o quinto dia útil do mês subsequente ao vencido.

Vemos que a lei determina que o pagamento se dê até o quinto dia útil do mês subsequente ao vencido.

A prova do pagamento do salário deve ser feita por recibo, sendo válido o comprovante de depósito bancário.

Vejamos a redação do art. 464 da CLT: "O pagamento do salário deverá ser efetuado contra recibo, assinado pelo empregado; em se tratando de analfabeto, mediante sua impressão digital, ou, não sendo esta possível, a seu rogo".

Aqui cabe chamar a atenção para o fato de que não se é admitida prova testemunhal em juízo para comprovação de pagamento de salário.

O art. 462 da CLT traz as regras a serem observadas para os descontos nos salários dos empregados. Vejamos:

> Art. 462. Ao empregador é vedado efetuar qualquer desconto nos salários do empregado, salvo quando este resultar de adiantamentos, de dispositivos de lei ou de contrato coletivo.
>
> § 1º Em caso de dano causado pelo empregado, o desconto será lícito, desde que esta possibilidade tenha sido acordada ou na ocorrência de dolo do empregado.
>
> § 2º É vedado à empresa que mantiver armazém para venda de mercadorias aos empregados ou serviços destinados a proporcionar-lhes prestações *in natura* exercer qualquer coação ou induzimento no sentido de que os empregados se utilizem do armazém ou dos serviços.
>
> § 3º Sempre que não for possível o acesso dos empregados a armazéns ou serviços não mantidos pela empresa, é lícito à autoridade competente determinar a adoção de medidas adequadas, visando a que as mercadorias sejam vendidas e os serviços prestados a preços razoáveis, sem intuito de lucro e sempre em benefício dos empregados.
>
> § 4º Observado o disposto neste Capítulo, é vedado às empresas limitar, por qualquer forma, a liberdade dos empregados de dispor do seu salário.

A regra geral é a da não possibilidade de desconto nos salários do empregado. Todavia, o § 1º do art. 462 traça as regras para a ocorrência de descontos.

Como se vê, caso ocorra dano por parte do empregado, o empregador só poderá proceder ao desconto nos salários dos trabalhadores, se houver previsão contratual, ou se os danos ocorrerem de forma dolosa.

Quanto à previsão contratual de descontos, a regra contida na lei deve ser analisada de forma restrita. Imaginemos uma situação em que o empregador insira no contrato de trabalho de um empregado, digamos, que trabalhe com máquinas elétricas, que ocorrendo uma quebra dessa máquina o empregado tenha que ressarcir os prejuízos. Entendemos que não havendo culpa excessiva do empregado, o desconto não poderá ser efetuado.

Por fim, são os salários impenhoráveis, podendo apenas haver sua retenção no caso de pensão alimentícia.

DÉCIMO TERCEIRO SALÁRIO

É previsto na Lei n. 4.090, de 13.07.1962. Esta lei trata da gratificação natalina, que é uma gratificação salarial devida a todos os empregados no mês de dezembro, daí sua denominação.

A Lei n. 4.749, de 12.08.1965, disciplina o pagamento do décimo terceiro salário. Deve este ser pago até o dia 20 de dezembro. Esta lei obriga que metade do décimo terceiro deve ser pago entre os meses de fevereiro e novembro de cada ano. Daí a praxe de se pagar 50% em novembro e o restante em dezembro.

Outra prática usual é a do empregado receber os referidos 50% juntamente com as férias. Este procedimento é determinado pela lei, mas o empregado deverá fazer solicitação nesse sentido no mês de janeiro de cada ano.

A Constituição da República prevê o décimo terceiro salário no art. 7º, VIII.

CAPÍTULO 9

Repouso semanal remunerado

ESCORÇO HISTÓRICO

Para que se estude a origem do instituto ora examinado, faz-se necessário o exame do Livro Santo:

> Tendo Deus terminado no sétimo dia a obra que tinha feito, descansou do seu trabalho. Ele abençoou o sétimo dia e o consagrou, porque nesse dia repousara de toda a obra da criação. (GN 2, 2 e 3)
> Lembra-te de santificar o dia de sábado. Trabalharás durante seis dias, e farás toda a tua obra. Mas no sétimo dia, que é um repouso em honra do Senhor teu Deus, não farás trabalho algum, nem tu, nem teu filho, nem tua filha, nem teu servo, nem tua serva, nem teu animal, nem o estrangeiro que está dentro de teus muros. Porque em seis dias o Senhor fez o céu, a terra, o mar e tudo que contêm, e repousou no sétimo dia; e por isso o Senhor abençoou o dia de sábado e o consagrou. (Ex 20, 8-11)

Com o advento do Cristianismo, o descanso no sábado foi substituído pelo descanso no domingo, em virtude da Ressurreição de Jesus Cristo.

Os historiadores dão conta que no ano de 321, o Imperador Constantino reconheceu na legislação o descanso dominical, proibindo o trabalho nos domingos em todas as atividades, exceto nas atividades agrícolas.

O Concílio de Laodicéa, em 366, determinou em seu "Cânon 29" que os cristãos deveriam trabalhar nos sábados, preferindo o domingo para repouso.

A origem religiosa do repouso semanal é incontestável. Essa origem foi recolhida pelas legislações, sendo que paulatinamente todos os países foram inserindo em seu ordenamento jurídico o descanso semanal.

No Brasil, até 1930, o descanso semanal era desamparado. Após a edição de várias leis esparsas, a Consolidação (1943) previu o descanso semanal, sendo que o art. 67 desta dizia:

> Art. 67. Será assegurado a todo empregado um descanso semanal de 24 (vinte e quatro) horas consecutivas, o qual, salvo motivo de conveniência pública ou necessidade imperiosa do serviço, deverá coincidir com o domingo, no todo ou em parte.
>
> Parágrafo único. Nos serviços que exijam trabalhos aos domingos, com exceção quanto aos elencos teatrais, será estabelecida escala de revezamento, mensalmente organizada e constando do quadro sujeito à fiscalização.

Vê-se, na leitura da lei, que o legislador só assegurou o descanso semanal, mas não previu o seu pagamento. A CLT é de 1943, sendo que o artigo supra e seu parágrafo único constituem previsão contida nos arts. 8º e 9º do Decreto-lei n. 2.308, de 1940, anterior, portanto, à Consolidação.

Somente em 1949, mais precisamente em 14 de janeiro, é que a situação se alterou, pois nessa data entrou em vigor a Lei n. 605, que incluiu a remuneração do dia de repouso semanal.

FUNDAMENTAÇÃO CONSTITUCIONAL

O repouso semanal remunerado está previsto no inciso XV do art. 7º da Constituição Federal: "Art. 7º [...] XV – repouso semanal remunerado, preferencialmente aos domingos".

Vemos que a Constituição fixa dois princípios:

1º O repouso semanal será remunerado, ou seja, que o trabalhador terá direito ao descanso sem prejuízo do salário. Portanto, o trabalhador receberá o correspondente a um dia de salário, sem, no entanto, trabalhar.

2º O descanso semanal será de preferência no domingo; não o sendo, recairá noutro dia da semana, a critério do empregador.

A Constituição atual difere da anterior, no ponto em que a Carta de 1967 dizia "repouso semanal remunerado e nos feriados civis e religiosos, de acordo com a tradição local" (art. 165, VII).

A Carta atual deixou para a lei ordinária a equiparação dos feriados ao dia de descanso remunerado.

A LEI N. 605, DE 5 DE JANEIRO DE 1949

Esta lei continua em vigor, uma vez que não colide com a Constituição da República. Ela surgiu para regulamentar o preceito contido no art. 157, VI, da Constituição de 1946.

Em seu art. 1º, a lei diz que "todo empregado tem direito ao repouso semanal remunerado de 24 horas consecutivas, preferentemente aos domingos, e nos limites das exigências técnicas das empresas, nos feriados civis e religiosos, de acordo com a tradição local".

Vemos que a lei remunerou o repouso, levando-o do simples direito ao descanso e recuperação de energia para a sua remuneração.

Para fazer jus à remuneração do dia de repouso, diz a lei (art. 6º) que o empregado deverá ter cumprido integralmente o seu horário de trabalho na semana anterior. Os atrasos e as faltas justificadas mantêm o direito.

São faltas justificadas:
- as previstas no art. 473 da CLT;
- a ausência justificada pelo empregador;
- a paralisação do serviço nos dias em que, por conveniência do empregador, não tenha havido trabalho;
- a ausência do empregado, até três dias consecutivos, em virtude de seu casamento;
- a falta ao serviço com fundamento na lei sobre acidente de trabalho;
- a doença do empregado, devidamente comprovada;
- a realização de provas de exame vestibular para ingresso em estabelecimento de ensino superior com os dias devidamente comprovados.

Discute-se se as faltas fazem com que somente o trabalhador horista tenha descontada a remuneração do repouso, ou também o mensalista. Discussão desnecessária, pois a lei não fez tal distinção. Logo, ambos deverão perder a remuneração do dia de repouso.

Nesse particular, a lei, no art. 7º, quando trata da remuneração, diz que esta corresponderá a um dia de serviço, para os que trabalham por dia, semana, quinzena ou mês; e aos que trabalham por hora, à de sua jornada normal de trabalho, computadas, em ambos os casos, as horas extras habitualmente prestadas.

Diz ainda o mesmo artigo que a remuneração corresponderá para os que trabalham por tarefa ou peça, o equivalente ao quociente da divisão por seis da importância total da sua produção na semana.

A Súmula n. 146 do Tribunal Superior do Trabalho disciplina a forma de pagamento de dias de repouso não compensados:

Trabalho em domingos e feriados, não compensado – nova redação – Res. n. 121/2003, *DJ* 21.11.2003. O trabalho prestado em domingos e feriados, não compensado, deve ser pago em dobro, sem prejuízo da remuneração relativa ao repouso semanal.

A análise da citada súmula leva a concluir que o dia de repouso, se trabalhado, será pago em dobro. Quer isso dizer o seguinte: um empregado que tenha trabalhado toda a semana anterior terá direito ao recebimento de um dia, sem, contudo, ter de trabalhar neste dia. Se vier a trabalhar as oito horas, receberá por estas em dobro. Isto é, que constitui a dobra, ou seja, as horas que já estavam pagas, mais a dobra das horas trabalhadas.

CAPÍTULO 10

Férias anuais remuneradas

CONCEITO, PERÍODOS AQUISITIVO E CONCESSIVO

As férias se constituem no repouso anual remunerado. São elas previstas e reguladas na CLT nos arts. 129 a 153.

O direito de férias, para melhor compreensão, é dividido em dois períodos: o aquisitivo e o concessivo.

Período aquisitivo é o período que vai do início do contrato de trabalho até o contrato completar 12 (doze) meses de vigência e, assim, sucessivamente.

Dentro do primeiro período aquisitivo, se o empregado pedir demissão, ele não fará jus ao recebimento de férias proporcionais. Se, ao contrário, for ele despedido, terá direito ao recebimento das férias em proporção.

Ressalte-se que, a partir do segundo período aquisitivo, o empregado demissionário terá direito a receber as férias proporcionais, sem prejuízo, logicamente, do recebimento das férias vencidas.

Vejamos os arts. 129 e 130 da CLT:

> Art. 129. Todo o empregado terá direito anualmente ao gozo de um período de férias, sem prejuízo da remuneração.
> Art. 130. Após cada período de 12 (doze) meses de vigência do contrato de trabalho, o empregado terá direito a férias, na seguinte proporção:
> I – 30 (trinta) dias corridos, quando não houver faltado ao serviço mais de 5 (cinco) vezes;
> II – 24 (vinte e quatro) dias corridos, quando houver tido de 6 (seis) a 14 (quatorze) faltas;

III – 18 (dezoito) dias corridos, quando houver tido de 15 (quinze) a 23 (vinte e três) faltas;

IV – 12 (doze) dias corridos, quando houver tido 24 (vinte e quatro) a 32 (trinta e duas) faltas.

Período concessivo é o período de 12 (doze) meses após o término do período aquisitivo que o empregador tem para conceder férias ao empregado. É o que dispõe o art. 134 da CLT:

> Art. 134. As férias serão concedidas por ato do empregador, em um só período, nos 12 (doze) meses subsequentes à data em que o empregado tiver adquirido o direito.
> § 1º Desde que haja concordância do empregado, as férias poderão ser usufruídas em até três períodos, sendo que um deles não poderá ser inferior a quatorze dias corridos e os demais não poderão ser inferiores a cinco dias corridos, cada um.
> §2º (*Revogado.*)
> § 3º É vedado o início das férias no período de dois dias que antecede feriado ou dia de repouso semanal remunerado.

Vê-se que a concessão de férias é ato exclusivo do empregador, isto é, ao empregado não é facultado escolher a época do gozo de férias. As partes, de comum acordo, podem dividir o período de férias em até três:

> Art. 134. [...] § 1º Desde que haja concordância do empregado, as férias poderão ser usufruídas em até três períodos, sendo que um deles não poderá ser inferior a quatorze dias corridos e os demais não poderão ser inferiores a cinco dias corridos, cada um.

Quanto ao empregado estudante menor de 18 anos, terá ele direito a fazer coincidir suas férias com as escolares. Da mesma forma, os membros de uma família, no mesmo emprego, terão direito a gozarem as férias na mesma época, desde que não resultem prejuízos ao serviço (art. 136, §§ 1º e 2º, da CLT).

REMUNERAÇÃO

O empregado receberá, durante as férias, a remuneração que lhe for devida na data da concessão (art. 142 da CLT), acrescida de um terço, conforme dispõe o art. 7º, XVII, da Constituição Federal.

Sendo o salário pago por produção, será calculada a média mensal de produção do período aquisitivo, aplicando-se sobre esse número o valor unitário da peça ou produto da data da concessão das férias.

Quando o salário for pago por hora, com jornadas variáveis, apurar-se-á a média das horas trabalhadas no período aquisitivo e sobre esse número, aplicado o valor da remuneração horária do dia da concessão.

Se o salário for pago por comissão ou porcentagem, apurar-se-á a média recebida nos últimos 12 meses que precederam a concessão.

Quando parte do salário for pago em utilidades, o valor dessas será computado na remuneração, exceto se no período de férias o empregado continuar desfrutando delas (exemplo: continuar utilizando casa, carro ou recebendo alimentos).

Quanto aos adicionais por horas extras, trabalho noturno, insalubre e perigoso, esses integram a remuneração das férias. Se na época da concessão não houver mais o pagamento do adicional, deverá ser tirada a média do período aquisitivo.

PAGAMENTO EM DOBRO

Preceitua o art. 137 da CLT que "Sempre que as férias forem concedidas após o prazo de que trata o art. 134, o empregador pagará em dobro a respectiva remuneração". Trata-se de sanção para que o empregador não viole a lei, isto é, não conceda férias fora do prazo de 12 meses após o termo do período aquisitivo, ou pior, que não conceda férias.

Note-se que a penalidade é o pagamento em dobro da respectiva remuneração, ou seja, não é a concessão do dobro de dias de férias.

Exemplificando: se um empregado tem salário mensal de R$ 300,00, no período de férias ele deverá receber R$ 400,00, ou seja, o salário (art. 142 da CLT) mais um terço (art. 7º, XVII, da Constituição Federal). Ocorrendo de o empregador conceder férias fora do período concessivo, a remuneração dessas férias será de R$ 800,00.

ABONO DE FÉRIAS

É a faculdade que tem o empregado de converter um terço do período de férias a que tiver direito em abono pecuniário, no valor que lhe seria devido nos dias correspondentes (art. 143 da CLT).

Em primeiro lugar, cumpre ressaltar que o abono de férias é uma faculdade assegurada somente ao empregado, ou seja, se este decidir converter um terço de suas férias em abono pecuniário, o empregador fica obrigado a concordar. O contrário não é possível, isto é, o empregador querer que o empregado converta parte de suas férias em pecúnia.

O abono deve ser pago da mesma forma que os dias de gozo das férias.

O empregado deverá requerer o abono até 15 dias antes do término do período aquisitivo.

FÉRIAS COLETIVAS

O empregador poderá conceder férias coletivas a todos os empregados ou a determinados estabelecimentos ou setores da empresa, podendo ser essas férias fracionadas em até dois períodos anuais, desde que nenhum seja inferior a 10 dias. Devem as férias coletivas ser comunicadas previamente à Delegacia Regional do Trabalho (DRT) e ao sindicato de trabalhadores, com antecedência de 15 dias no mínimo.

Os empregados contratados há menos de doze meses gozarão de férias proporcionais, iniciando-se, após o retorno, um novo período aquisitivo. Tal determinação está prevista no art. 140 da Consolidação das Leis do Trabalho: " Os empregados contratados há menos de 12 (doze) meses gozarão, na oportunidade, férias proporcionais, iniciando-se, então, novo período aquisitivo".

FORMALIDADES PARA A CONCESSÃO DE FÉRIAS

Traz o art. 135 da CLT as formalidades a serem obedecidas no tocante à concessão de férias. São elas:

a) aviso, por escrito, ao empregado, com antecedência de no mínimo 30 dias;

b) o empregado deverá dar recibo;

c) o empregado deverá apresentar sua CTPS, para que nela seja anotada a concessão de férias;

d) o empregador deverá proceder a anotação das férias no livro ou nas fichas de registro de empregados.

PERDA DO DIREITO

Além da hipótese prevista no art. 130, ou seja, quando o empregado faltar mais de 32 dias durante o período aquisitivo, também perderá o direito ao gozo de férias quando ocorrer um dos motivos previstos no art. 133 da CLT.

>Art. 133. Não terá direito a férias o empregado que, no curso do período aquisitivo:
>I – deixar o emprego e não for readmitido dentro dos 60 (sessenta) dias subsequentes à sua saída;
>II – permanecer em gozo de licença, com percepção de salários, por mais de 30 (trinta) dias;
>III – deixar de trabalhar, com percepção do salário, por mais de 30 (trinta) dias em virtude de paralisação parcial ou total dos serviços de empresa; e
>IV – tiver percebido da Previdência Social prestações de acidente de trabalho ou de auxílio-doença por mais de 6 (seis) meses, embora descontínuos.
>§ 1º A interrupção da prestação de serviços deverá ser anotada na Carteira de Trabalho e Previdência Social.
>§ 2º Iniciar-se-á o decurso de novo período aquisitivo quando o empregado, após o implemento de qualquer das condições previstas neste artigo, retornar ao serviço.
>§ 3º Para os fins previstos no inciso III deste artigo a empresa comunicará ao órgão local do Ministério do Trabalho, com antecedência mínima de quinze dias, as datas de início e fim da paralisação total ou parcial dos serviços da empresa, e, em igual prazo, comunicará, nos mesmos termos, ao sindicato representativo da categoria profissional, bem como afixará aviso nos respectivos locais de trabalho.

CAPÍTULO 11

Fundo de Garantia do Tempo de Serviço e estabilidade

DEFINIÇÃO

Segundo Octávio Bueno Magano:

> O FGTS é um conjunto de contas e valores destinados à realização da política nacional de desenvolvimento urbano e das políticas setoriais de habitação popular, saneamento básico e infraestrutura urbana. Serve, complementarmente, para garantir o tempo de serviço de trabalhadores urbanos e rurais. (*Manual de direito do trabalho*, 1991. p. 360. v. 2)

GESTÃO E APLICAÇÃO DOS RECURSOS

O FGTS é administrado por um Conselho Curador, presidido pelo Ministro do Trabalho, e composto por membros do Ministério da Economia, Fazenda e Planejamento e Ministério da Ação Social (por seus Ministros), pelo Presidente da CEF e três representantes de empregados, esses indicados pelas centrais sindicais e confederações e nomeados pelo Ministério do Trabalho.

Os recursos do FGTS deverão ser aplicados em habitação (60% em habitação popular), saneamento básico e infraestrutura urbana.

ARRECADAÇÃO

O FGTS obtém seus recursos financeiros por meio de contribuições por parte dos empregadores, incidindo sobre a remuneração mensal de cada empregado, no importe de 8% aplicáveis aos salários deste, excluindo-se as parcelas sem cunho salarial, por exemplo, as diárias para viagem e a ajuda de custo.

SAQUES DOS DEPÓSITOS

A Lei n. 8.036/90 traz várias situações nas quais o trabalhador poderá movimentar sua conta (levantar valores).
Estão todas elas previstas no art. 20 da referida lei.

Art. 20. A conta vinculada do trabalhador no FGTS poderá ser movimentada nas seguintes situações:
I – despedida sem justa causa, inclusive a indireta, de culpa recíproca e de força maior
I-A – extinção do contrato de trabalho prevista no art. 484-A da Consolidação das Leis do Trabalho (CLT), aprovada pelo Decreto-lei n. 5.452, de 1º de maio de 1943
II – extinção total da empresa, fechamento de quaisquer de seus estabelecimentos, filiais ou agências, supressão de parte de suas atividades, declaração de nulidade do contrato de trabalho nas condições do art. 19-A, ou ainda falecimento do empregador individual sempre que qualquer dessas ocorrências implique rescisão de contrato de trabalho, comprovada por declaração escrita da empresa, suprida, quando for o caso, por decisão judicial transitada em julgado;
III – aposentadoria concedida pela Previdência Social;
IV – falecimento do trabalhador, sendo o saldo pago a seus dependentes, para esse fim habilitados perante a Previdência Social, segundo o critério adotado para a concessão de pensões por morte. Na falta de dependentes, farão jus ao recebimento do saldo da conta vinculada os seus sucessores previstos na lei civil, indicados em alvará judicial, expedido a requerimento do interessado, independente de inventário ou arrolamento;
V – pagamento de parte das prestações decorrentes de financiamento habitacional concedido no âmbito do Sistema Financeiro da Habitação (SFH), desde que:

a) o mutuário conte com o mínimo de 3 (três) anos de trabalho sob o regime do FGTS, na mesma empresa ou em empresas diferentes;

b) o valor bloqueado seja utilizado, no mínimo, durante o prazo de 12 (doze) meses;

c) o valor do abatimento atinja, no máximo, 80 (oitenta) por cento do montante da prestação;

VI – liquidação ou amortização extraordinária do saldo devedor de financiamento imobiliário, observadas as condições estabelecidas pelo Conselho Curador, dentre elas a de que o financiamento seja concedido no âmbito do SFH e haja interstício mínimo de 2 (dois) anos para cada movimentação;

VII – pagamento total ou parcial do preço de aquisição de moradia própria, ou lote urbanizado de interesse social não construído, observadas as seguintes condições:

a) o mutuário deverá contar com o mínimo de 3 (três) anos de trabalho sob o regime do FGTS, na mesma empresa ou empresas diferentes;

b) seja a operação financiável nas condições vigentes para o SFH;

VIII – quando o trabalhador permanecer três anos ininterruptos fora do regime do FGTS;

IX – extinção normal do contrato a termo, inclusive o dos trabalhadores temporários regidos pela Lei n. 6.019, de 3 de janeiro de 1974;

X – suspensão total do trabalho avulso por período igual ou superior a 90 (noventa) dias, comprovada por declaração do sindicato representativo da categoria profissional;

XI – quando o trabalhador ou qualquer de seus dependentes for acometido de neoplasia maligna;

XII – aplicação em quotas de Fundos Mútuos de Privatização, regidos pela Lei n. 6.385, de 7 de dezembro de 1976, permitida a utilização máxima de 50% (cinquenta por cento) do saldo existente e disponível em sua conta vinculada do Fundo de Garantia do Tempo de Serviço, na data em que exercer a opção.

XIII – quando o trabalhador ou qualquer de seus dependentes for portador do vírus HIV;

XIV – quando o trabalhador ou qualquer de seus dependentes estiver em estágio terminal, em razão de doença grave, nos termos do regulamento;

XV – quando o trabalhador tiver idade igual ou superior a setenta anos;

XVI – necessidade pessoal, cuja urgência e gravidade decorra de desastre natural, conforme disposto em regulamento, observadas as seguintes condições:

a) o trabalhador deverá ser residente em áreas comprovadamente atingidas de Município ou do Distrito Federal em situação de emergência ou em estado de calamidade pública, formalmente reconhecidos pelo Governo Federal;

b) a solicitação de movimentação da conta vinculada será admitida até 90 (noventa) dias após a publicação do ato de reconhecimento, pelo Governo Federal, da situação de emergência ou de estado de calamidade pública; e

c) o valor máximo do saque da conta vinculada será definido na forma do regulamento.;

XVII – integralização de cotas do FI-FGTS, respeitado o disposto na alínea *i* do inciso XIII do art. 5º desta Lei, permitida a utilização máxima de 30% (trinta por cento) do saldo existente e disponível na data em que exercer a opção;

XVIII – quando o trabalhador com deficiência, por prescrição, necessite adquirir órtese ou prótese para promoção de acessibilidade e de inclusão social;

XIX – pagamento total ou parcial do preço de aquisição de imóveis da União inscritos em regime de ocupação ou aforamento, a que se referem o art. 4º da Lei n. 13.240, de 30 de dezembro de 2015, e o art. 16-A da Lei n. 9.636, de 15 de maio de 1998, respectivamente, observadas as seguintes condições:

a) o mutuário deverá contar com o mínimo de três anos de trabalho sob o regime do FGTS, na mesma empresa ou em empresas diferentes;

b) seja a operação financiável nas condições vigentes para o Sistema Financeiro da Habitação (SFH) ou ainda por intermédio de parcelamento efetuado pela Secretaria do Patrimônio da União (SPU), mediante a contratação da Caixa Econômica Federal como agente financeiro dos contratos de parcelamento;

c) sejam observadas as demais regras e condições estabelecidas para uso do FGTS;

XX – anualmente, no mês de aniversário do trabalhador, por meio da aplicação dos valores constantes do Anexo desta Lei, observado o disposto no art. 20-D desta Lei;

§ 1º A regulamentação das situações previstas nos incisos I e II assegurar que a retirada a que faz jus o trabalhador corresponda aos depósitos efetuados na conta vinculada durante o período de vigência do último contrato de trabalho, acrescida de juros e atualização monetária, deduzidos os saques.

§ 2º O Conselho Curador disciplinará o disposto no inciso V, visando beneficiar os trabalhadores de baixa renda e preservar o equilíbrio financeiro do FGTS.

§ 3º O direito de adquirir moradia com recursos do FGTS, pelo trabalhador, só poderá ser exercido para um único imóvel.

§ 4º O imóvel objeto de utilização do FGTS somente poderá ser objeto de outra transação com recursos do fundo, na forma que vier a ser regulamentada pelo Conselho Curador.

§ 5º O pagamento da retirada após o período previsto em regulamento, implicará atualização monetária dos valores devidos.

§ 6º Os recursos aplicados em cotas de fundos Mútuos de Privatização, referidos no inciso XII, serão destinados, nas condições aprovadas pelo CND, a aquisições de valores mobiliários, no âmbito do Programa Nacional de Desestatização, de que trata a Lei n. 9.491, de 1997, e de programas estaduais de desestatização, desde que, em ambos os casos, tais destinações sejam aprovadas pelo CND.

§ 7º Ressalvadas as alienações decorrentes das hipóteses de que trata o § 8º, os valores mobiliários a que se refere o parágrafo anterior só poderão ser integralmente vendidos, pelos respectivos Fundos, seis meses após a sua aquisição, podendo ser alienada em prazo inferior parcela equivalente a 10% (dez por cento) do valor adquirido, autorizada a livre aplicação do produto dessa alienação, nos termos da Lei n. 6.385, de 7 de dezembro de 1976.

§ 8º As aplicações em Fundos Mútuos de Privatização e no FI-FGTS são nominativas, impenhoráveis e, salvo as hipóteses previstas nos incisos I a XI e XIII a XVI do *caput* deste artigo, indisponíveis por seus titulares.

§ 9º Decorrido o prazo mínimo de doze meses, contados da efetiva transferência das quotas para os Fundos Mútuos de Privatização, os titulares poderão optar pelo retorno para sua conta vinculada no Fundo de Garantia do Tempo de Serviço.

§ 10. A cada período de seis meses, os titulares das aplicações em Fundos Mútuos de Privatização poderão transferi-las para outro fundo de mesma natureza.

§ 11. O montante das aplicações de que trata o § 6º deste artigo ficará limitado ao valor dos créditos contra o Tesouro Nacional de que seja titular o Fundo de Garantia do Tempo de Serviço.

§ 12. Desde que preservada a participação individual dos quotistas, será permitida a constituição de clubes de investimento, visando a aplicação em quotas de Fundos Mútuos de Privatização.

§ 13. A garantia a que alude o § 4º do art. 13 desta Lei não compreende as aplicações a que se referem os incisos XII e XVII do *caput* deste artigo.

§ 14. Ficam isentos do imposto de renda:

I – a parcela dos ganhos nos Fundos Mútuos de Privatização até o limite da remuneração das contas vinculadas de que trata o art. 13 desta Lei, no mesmo período; e

II – os ganhos do FI-FGTS e do Fundo de Investimento em Cotas – FIC, de que trata o § 19 deste artigo.

§ 15. A transferência de recursos da conta do titular no Fundo de Garantia do Tempo de Serviço em razão da aquisição de ações, nos termos do inciso XII do *caput* deste artigo, ou de cotas do FI-FGTS não afetará a base de cálculo da multa rescisória de que tratam os §§ 1º e 2º do art. 18 desta Lei.

§ 16. Os clubes de investimento a que se refere o § 12 poderão resgatar, durante os seis primeiros meses da sua constituição, parcela equivalente a 5% (cinco por cento) das cotas adquiridas, para atendimento de seus desembolsos, autorizada a livre aplicação do produto dessa venda, nos termos da Lei n. 6.385, de 7 de dezembro de 1976.

§ 17. Fica vedada a movimentação da conta vinculada do FGTS nas modalidades previstas nos incisos V, VI e VII deste artigo, nas operações firmadas, a partir de 25 de junho de 1998, no caso em que o adquirente já seja proprietário ou promitente comprador de imóvel localizado no Município onde resida, bem como no caso em que o adquirente já detenha, em qualquer parte do País, pelo menos um financiamento nas condições do SFH.

§ 18. É indispensável o comparecimento pessoal do titular da conta vinculada para o pagamento da retirada nas hipóteses previstas nos incisos I, II, III, VIII, IX e X deste artigo, salvo em caso de grave moléstia comprovada por perícia médica, quando será paga a procurador especialmente constituído para esse fim.

§ 19. A integralização das cotas previstas no inciso XVII do *caput* deste artigo será realizada por meio de Fundo de Investimento em Cotas – FIC, constituído pela Caixa Econômica Federal especificamente para essa finalidade.

§ 20. A Comissão de Valores Mobiliários estabelecerá os requisitos para a integralização das cotas referidas no § 19 deste artigo, devendo condicioná-la pelo menos ao atendimento das seguintes exigências:

I – elaboração e entrega de prospecto ao trabalhador;

II – declaração por escrito, individual e específica, pelo trabalhador de sua ciência quanto aos riscos do investimento que está realizando.

§ 21. As movimentações autorizadas nos incisos V e VI do *caput* serão estendidas aos contratos de participação de grupo de consórcio para aquisição de imóvel residencial, cujo bem já tenha sido adquirido pelo consorciado, na forma a ser regulamentada pelo Conselho Curador do FGTS.

§ 22. Na movimentação das contas vinculadas a contrato de trabalho extinto até 31 de dezembro de 2015, ficam isentas as exigências de que trata o inciso VIII do *caput* deste artigo, podendo o saque, nesta hipótese, ser efetuado segundo cronograma de atendimento estabelecido pelo agente operador do FGTS.

§ 23. As movimentações das contas vinculadas nas situações previstas nos incisos V, VI e VII do *caput* deste artigo poderão ser realizadas fora do âmbito do SFH, observados os mesmos limites financeiros das operações realizadas no âmbito desse sistema, no que se refere ao valor máximo de movimentação da conta vinculada, e os limites, critérios e condições estabelecidos pelo Conselho Curador.

§ 24. O trabalhador poderá sacar os valores decorrentes da situação de movimentação de que trata o inciso XX do *caput* deste artigo até o último dia útil do segundo mês subsequente ao da aquisição do direito de saque.

§ 25. O agente operador deverá oferecer, nos termos do regulamento do Conselho Curador, em plataformas de interação com o titular da conta, inclusive por meio de dispositivos móveis, opções para consulta e transferência, a critério do trabalhador, para conta de depósitos de sua titularidade em qualquer instituição financeira do Sistema Financeiro Nacional, dos recursos disponíveis para movimentação em decorrência das situações previstas neste artigo, cabendo ao agente operador estabelecer os procedimentos operacionais a serem observados.

§ 26. As transferências de que trata o § 25 deste artigo não acarretarão a cobrança de tarifas pelo agente operador ou pelas demais instituições financeiras.

FGTS E DESPEDIMENTO DO EMPREGADO

Havendo a rescisão do contrato de trabalho por iniciativa do empregador, o empregado, além de poder levantar os depósitos efetuados em sua conta vinculada, ainda fará jus ao recebimento de uma multa no importe de 40% sobre os referidos depósitos.

Caso o empregado não tenha saldo na conta na época da rescisão por, por exemplo, ter utilizado o valor dos depósitos para aquisição de moradia, mesmo assim terá ele direito a receber a multa de 40% calculada sobre o montante dos depósitos efetuados pelo empregador durante a vigência do contrato.

A Lei n. 13.467/2017 criou um novo tipo de terminação do contrato de trabalho, que será melhor estudado adiante, que é o acordo, e que altera as regras do que estamos tratando aqui.

O trabalhador, quando firmar acordo com o empregador para o término do contrato de trabalho, terá direito a levantar 80% do valor depositado, e a multa será reduzida à metade, ou seja, 20%.

DATA PARA RECOLHIMENTO

Os recolhimentos ao FGTS devem ser realizados até o dia 7 do mês seguinte ao trabalho realizado.

ESTABILIDADE

O regime de FGTS estudado há pouco substituiu o da estabilidade decenal. Esta era prevista na CLT e consistia na proibição de se despedir o empregado sem justa causa quando este cumprisse dez anos de vigência do contrato de trabalho.

Atualmente existem algumas estabilidades provisórias, ou garantia de emprego, que seria o melhor termo para denominar tal instituto.

As estabilidades provisórias atualmente são:
- dirigente sindical: art. 8º, VIII, da Constituição da República, até um ano após o término do mandato;
- dirigentes das Comissões Internas de Prevenção de Acidentes: art. 10, II, *a,* do ADCT, até um ano após o término do mandato;
- mulher gestante: art. 10, II, *b*, do ADCT, até cinco meses após o parto.

CAPÍTULO 12

Alteração do contrato de trabalho

ALTERAÇÃO BILATERAL E NÃO PREJUDICIAL

A Consolidação das Leis do Trabalho estabelece no art. 468 que a alteração do contrato de trabalho só poderá ser bilateral.

Vejamos então o texto legal:

> Nos contratos individuais de trabalho só é lícita a alteração das respectivas condições por mútuo consentimento, ainda assim, desde que não resultem, direta ou indiretamente, prejuízos ao empregado, sob pena de nulidade da cláusula infringente desta garantia.

A lei estabelece ainda, como se vê, que mesmo sendo bilateral a alteração não poderá prejudicar o empregado.

Logo, se houver uma alteração contratual prejudicial ao empregado, mesmo que este esteja de acordo, ela não terá validade.

Para melhor esclarecer, imaginemos o caso de um vendedor que recebe como salário uma parte fixa mais comissões de 10% sobre vendas.

Digamos que o empregador proponha ao empregado uma alteração no sentido de dobrar a parte fixa e subtrair as comissões.

Poderá ocorrer no exemplo supra que o empregado tenha prejuízo, uma vez que as vendas estejam aumentando mês a mês.

Para não perder o emprego, o empregado aceita a alteração. Esta é nula, podendo o empregado buscar na Justiça, se for o caso, o pagamento dessas diferenças.

Na linha do que afirmamos é o teor do seguinte julgado: "Ainda que por mútuo consentimento, nos termos do art. 468 da CLT, é vedada a alteração contratual de trabalho prejudicial ao trabalhador" (TRT-SC, RO n. 1.405/85, rel. Ione Ramos, ac. 750/86).

ALTERAÇÃO UNILATERAL

Mesmo que parecendo que não, em virtude da redação do art. 468 da CLT, a alteração unilateral é permitida. É o chamado princípio do *jus variandi* que pode ser definido segundo Amauri Mascaro Nascimento como "o direito do empregador, em casos excepcionais, de alterar por imposição e unilateralmente, as condições de trabalho dos seus empregados" (*Iniciação ao direito do trabalho*, 1993, p. 168).

São exemplos do *jus variandi* o empregador fazer o empregado retornar à função anterior; o empregado que ocupe cargo em comissão, interinamente, ou em substituição eventual ou temporária, voltar ao cargo anterior ou quando a empresa extingue cargo sem dispensar os empregados fazendo-os voltar às funções antigas.

Pode também o empregador alterar o local da prestação do serviço. Neste caso comporta-se um pequeno estudo.

Vejamos a redação do art. 469 da CLT:

> Ao empregador é vedado transferir o empregado, sem a sua anuência, para localidade diversa da que resultar do contrato, não se considerando transferência a que não acarretar necessariamente a mudança do seu domicílio.
>
> § 1º Não estão compreendidos na proibição deste artigo os empregados que exerçam cargos de confiança e aqueles cujos contratos tenham como condição, implícita ou explícita, a transferência, quando esta decorra de real necessidade de serviço.
>
> § 2º É lícita a transferência quando ocorrer extinção do estabelecimento em que trabalhar o empregado.
>
> § 3º Em caso de necessidade de serviço o empregador poderá transferir o empregado para localidade diversa da que resultar do contrato, não obstante as restrições do artigo anterior, mas, nesse caso, ficará obrigado a um pagamento suplementar, nunca inferior a 25% (vinte e cinco por cento) dos salários que o empregado percebia naquela localidade, enquanto durar essa situação.

Em primeiro lugar, se uma empresa muda de estabelecimento dentro de uma mesma cidade, ou nos arredores dela, de tal sorte que o empregado continue residindo no mesmo local, não há que se falar em transferência, não havendo, pois, razão para aumento de salário ao obreiro.

Como ilustração, vejamos o seguinte acórdão: "Inocorre alteração contratual quando o deslocamento por nova frente de trabalho não acarreta a mudança de domicílio dos empregados e o acréscimo de despesas de transporte é ressarcido" (TST, RR n. 8.432/85-3, rel. Ranor Barbosa, ac. 3ª T., 2.585/86).

Todavia, se um empregado tiver aumentado seus gastos com transporte, o empregador arcará com essa diferença, conforme os termos do Enunciado n. 29 do Tribunal Superior do Trabalho, que diz: "Empregado transferido, por ato unilateral do empregador, tem direito a suplemento salarial correspondente ao acréscimo da despesa de transporte".

TRANSFERÊNCIA DO EMPREGADO

Mesmo sem a concordância do empregado, é lícita a transferência deste nos seguintes casos:

1. em caso de necessidade do serviço, mas pagando um adicional de transferência de no mínimo 25%;
2. quando vier a ocorrer a extinção do estabelecimento em que trabalhar o empregado.

Os empregados que exerçam cargos de confiança podem ser transferidos mesmo sem a sua anuência, mas terão direito ao aumento de 25% no mínimo.

Os contratos de trabalho que tenham como condição, implícita ou explícita, a transferência, poderá haver nesses a dita alteração, mas desde que ocorra de real necessidade do serviço, e também o empregado deverá ter o aumento mínimo de 25% sobre seu salário. O Colendo Tribunal Superior do Trabalho já consolidou seu entendimento quanto à matéria, é o que se deflui do Enunciado n. 43, que diz: "Presume-se abusiva a transferência de que trata o § 1º do art. 469 da CLT, sem comprovação da necessidade do serviço".

Quanto ao pagamento do adicional de 25%, vejamos o teor deste julgado: "O fato de constar do contrato de trabalho cláusula explícita de transferência, não exime o empregador do pagamento do adicional de 25%, previsto no § 3º do art. 469 da CLT" (TRT-SP, RO n. 02850223705, rel. Victório Moro, ac. 5ª T., 5.568/87).

REDUÇÃO SALARIAL

Esta é vedada pela lei, uma vez o preceito contido no art. 7º, VI, da Constituição da República: "Art. 7º [...] VI – irredutibilidade do salário, salvo o disposto em convenção ou acordo coletivo".

Logo, nem mesmo a lei poderá prever a redução salarial, sendo a única hipótese no caso de acordo ou convenção coletiva. Mesmo havendo motivo de força maior, não poderá o empregador reduzir os salários dos empregados, o que nos força a concluir que o art. 503 da CLT, que permitia a redução de salários em caso de força maior, foi revogado pela norma constitucional.

Todavia, não será considerado redução salarial quando o empregador fizer retornar ao cargo antigo o empregado exercente de função de confiança.

Vejamos o que dizem os parágrafos do art. 468 da CLT:

Art. 468. [...]
§ 1º Não se considera alteração unilateral a determinação do empregador para que o respectivo empregado reverta ao cargo efetivo, anteriormente ocupado, deixando o exercício de função de confiança.
§ 2º A alteração de que trata o § 1º deste artigo, com ou sem justo motivo, não assegura ao empregado o direito à manutenção do pagamento da gratificação correspondente, que não será incorporada, independentemente do tempo de exercício da respectiva função.

No caso tratado pela norma, o empregado retornará ao cargo antigo, recebendo o salário deste e não o correspondente ao de confiança.

CAPÍTULO 13

Suspensão e interrupção do contrato de trabalho

CONCEITO

A lei brasileira diferencia as duas formas de paralisação das atividades temporariamente pelo empregado. Já a legislação de outros países prefere não fazer essa diferenciação, adotando o termo jurídico da suspensão, podendo ser ela total ou parcial.

A bem da verdade, a própria terminologia parece-nos imprecisa, pois não é o contrato de trabalho que se suspende (ou interrompe), mas, sim, alguns de seus efeitos.

Melhor esclarecendo a afirmação supra, o que fica suspenso ou interrompido é a obrigação do empregado prestar serviços e poderá também ficar isento o empregador de pagar os salários.

A suspensão do contrato de trabalho se dá quando o empregado não presta serviços e o empregador não está obrigado a pagar salários.

Na interrupção, não há prestação de trabalho, mas subsiste a obrigação de o empregador pagar salários.

Quanto à contagem do tempo de serviço, na suspensão ela não existe e na interrupção em geral, sim.

Quando dissemos acima que o contrato não se suspende e, sim, somente alguns de seus efeitos, é só ter em mente que mesmo durante tais períodos o empregado poderá cometer justa causa. Imagine-se um empregado afastado do serviço, que vai até o posto bancário na empresa, e lá agride seu chefe ou furta algum objeto do empregador. Nesses casos comete falta grave e poderá ser despedido.

Vejamos esse interessante julgado:

Se durante o período de suspensão do contrato de trabalho, em face de gozo de benefício previdenciário, o empregado pratica faltas ensejadoras de sua despedida, pode a empregadora efetivar a rescisão contratual. Não seria lícito admitir-se a situação em apreço apenas em desfavor do empregador, para acobertar impunemente o procedimento faltoso do empregado (Ac. 2ª T. do TRT da 4ª Região, de 08.04.1976, no Proc. n. 71/76, rel. Juíza Alcina Surreaux, LTr 40/1.184).

- Empregado que sofre acidente do trabalho (art. 118 da Lei n. 8.213/91): doze meses após o término do afastamento, e desde que este tenha sido de, pelo menos, 16 dias.
- Empregados membros do Conselho Nacional da Previdência Social (art. 295 do Decreto n. 3.048/99): até um ano após o término do mandato.
- Empregados dirigentes de cooperativas criadas pelos empregados junto a empresas (art. 55 da Lei n. 5.764/71): até um ano após o término do mandato.
- Membros de Comissões de Conciliação Prévia (art. 625-B da CLT): até um ano após o término do mandato.
- Estabilidades de normas coletivas. Exemplo: empregados a poucos anos da aposentadoria.

SUSPENSÃO DO CONTRATO

Como dissemos anteriormente, na suspensão não há trabalho nem salário.

São exemplos de suspensão:
- auxílio-doença, a partir do 16º dia;
- licença não remunerada;
- suspensão disciplinar;
- exercício de cargo público não obrigatório;
- desempenho de cargo sindical, desde que haja afastamento do empregado;
- participação em greve uma vez que a Lei n. 7.783/89, assim preceitua.

INTERRUPÇÃO DO CONTRATO DE TRABALHO

Nesta, como vimos, não há trabalho, mas existe a obrigação de se pagar salário.

São exemplos de interrupção:
a) as hipóteses do art. 473 da CLT:

Art. 473. O empregado poderá deixar de comparecer ao serviço, sem prejuízo do salário:
I – até 2 (dois) dias consecutivos, em caso de falecimento do cônjuge, ascendente, descendente, irmão ou pessoa que, declarada em sua Carteira de Trabalho e Previdência Social, viva sob sua dependência econômica;
II – até 3 (três) dias consecutivos, em virtude de casamento;
III – por 5 (cinco) dias, em caso de nascimento de filho, no decorrer da primeira semana;
IV – por 1 (um) dia, em cada 12 (doze) meses de trabalho, em caso de doação voluntária de sangue devidamente comprovada;
V – até 2 (dois) dias consecutivos ou não, para fim de se alistar eleitor, nos termos da lei respectiva;
VI – no período de tempo em que tiver de cumprir as exigências do Serviço Militar referidas na letra *c* do art. 65 da Lei nº 4.375, de 17 de agosto de 1964 (Lei do Serviço Militar);
VII – nos dias em que estiver comprovadamente realizando provas de exame vestibular para ingresso em estabelecimento de ensino superior.
VIII – pelo tempo que se fizer necessário, quando tiver que comparecer a juízo.
IX – pelo tempo que se fizer necessário, quando, na qualidade de representante de entidade sindical, estiver participando de reunião oficial de organismo internacional do qual o Brasil seja membro;
X – até 2 (dois) dias para acompanhar consultas médicas e exames complementares durante o período de gravidez de sua esposa ou companheira;
XI – por 1 (um) dia por ano para acompanhar filho de até 6 (seis) anos em consulta médica;
XII - até 3 (três) dias, em cada 12 (doze) meses de trabalho, em caso de realização de exames preventivos de câncer devidamente comprovada.

b) licença maternidade;
c) licença remunerada;
d) os primeiros 15 dias de licença no caso de doença;
e) participação como jurado no Tribunal do Júri;
f) comparecimento para depor na Justiça;
g) acidente do trabalho;
h) serviço militar.

Quanto aos dois últimos (*g* e *h*) que mudam o entendimento anterior, resolvemos elencá-los nas causas de interrupção do contrato de trabalho, uma vez que o período de paralisação é contado como de tempo de serviço, além do que subsiste a obrigação de efetuar os depósitos na conta de FGTS dos empregados.

SUSPENSÃO DO CONTRATO DE TRABALHO DE EXPERIÊNCIA

Pode ocorrer de o empregado ser admitido por um período experimental de 90 dias. Logo, se no 10º dia de vigência do contrato o trabalhador ficar doente e afastar-se por 120 dias, pergunta-se: quando da volta do empregado, o mesmo terá direito a cumprir os 80 dias restantes? A resposta é não, pois o contrato de trabalho se resolveu, ou seja, o mesmo teve seus dias contados normalmente. Esse é o teor do § 2º do art. 472 da CLT:

> Art. 472. [...]
> § 2º Nos contratos por prazo determinado, o tempo de afastamento, se assim acordarem as partes interessadas, não será computado na contagem do prazo para a respectiva terminação.

A regra deste artigo da CLT não vale, como se vê, para todos os contratos de trabalho por prazo determinado, isto é, no caso de acidente do trabalho, quando o empregado terá direito à estabilidade de doze meses prevista na legislação previdenciária, o mesmo se aplica à empregada gestante, ou seja, estando grávida quando do término do contrato, terá ela direito à garantia de emprego prevista na Constituição Federal.

Quanto à mulher, a previsão está na CLT:

> Art. 391-A. A confirmação do estado de gravidez advindo no curso do contrato de trabalho, ainda que durante o prazo do aviso-prévio trabalhado ou indenizado, garante à empregada gestante a estabilidade provisória prevista na alínea *b* do inciso II do art. 10 do Ato das Disposições Constitucionais Transitórias.
> Parágrafo único. O disposto no *caput* deste artigo aplica-se ao empregado adotante ao qual tenha sido concedida guarda provisória para fins de adoção.

E no tocante ao empregado acidentado, o entendimento é do Tribunal Superior do Trabalho:

Súmula n. 378 do TST
ESTABILIDADE PROVISÓRIA. ACIDENTE DO TRABALHO. ART. 118 DA LEI N. 8.213/1991. (inserido item III) – Res. n. 185/2012, *DEJT* divulgado em 25, 26 e 27.09.2012.
[...]
III – O empregado submetido a contrato de trabalho por tempo determinado goza da garantia provisória de emprego decorrente de acidente de trabalho prevista no art. 118 da Lei n. 8.213/91.

Entendemos que são equivocados os entendimentos da lei e da jurisprudência, pois se imagina que um empregado nessas condições – grávida ou pós-acidente do trabalho – não passaria a ter o contrato de trabalho vigendo por prazo indeterminado por pura discriminação.

Fato é que um empregado ou empregada podem não passar pelo período de experiência por razões técnicas, e o empregador ter de mantê-los mesmo não sendo bons profissionais. Tanto o legislador como a súmula partem do pressuposto de que sempre haverá má-fé no não prosseguimento de um contrato celebrado por prazo determinado. Má-fé não se presume, se prova.

CAPÍTULO 14
Terminação do contrato de trabalho

TERMINOLOGIA

Resolução, *resilição* e *rescisão* são alguns dos termos usados pela doutrina para justificar os casos de terminação do contrato de trabalho.

Sempre apreciamos a divisão proposta pelo mestre Cesarino Jr., e mais uma vez nos ateremos a ela.

Quanto à terminação do contrato de trabalho, afirma Cesarino Jr.:

> [...] que podem existir dois tipos fundamentais:
> 1. O de cessação das relações de trabalho;
> 2. O de sua rescisão. Distingue-se em que a cessação resulte de um fato, é involuntário, portanto, ao passo que a rescisão provém de um ato, sendo, em consequência, voluntária. (*Direito social*, 1980. p. 132)

E continua o mestre:

> A rescisão de contrato por duração indeterminada, pode dar-se por acordo dos contratantes (rescisão bilateral ou distrato) ou por declaração de vontade unilateral. Neste caso, dela pode surgir direito à indenização de antiguidade e a obrigação do aviso prévio.

A rescisão é o termo utilizado pela lei, pois a CLT no Capítulo V do Título IV fala "Da Rescisão".

Vejamos o art. 477 da CLT:

Art. 477. Na extinção do contrato de trabalho, o empregador deverá proceder à anotação na Carteira de Trabalho e Previdência Social, comunicar a dispensa aos órgãos competentes e realizar o pagamento das verbas rescisórias no prazo e na forma estabelecidos neste artigo.

§ 1º (Revogado.)

§ 2º O instrumento de rescisão ou recibo de quitação, qualquer que seja a causa ou forma de dissolução do contrato, deve ter especificada a natureza de cada parcela paga ao empregado e discriminado o seu valor, sendo válida a quitação, apenas, relativamente às mesmas parcelas.

§ 3º (Revogado.)

§ 4º O pagamento a que fizer jus o empregado será efetuado:

I – em dinheiro, depósito bancário ou cheque visado, conforme acordem as partes; ou

II – em dinheiro ou depósito bancário quando o empregado for analfabeto.

§ 5º Qualquer compensação no pagamento de que trata o parágrafo anterior não poderá exceder o equivalente a um mês de remuneração do empregado.

§ 6º A entrega ao empregado de documentos que comprovem a comunicação da extinção contratual aos órgãos competentes bem como o pagamento dos valores constantes do instrumento de rescisão ou recibo de quitação deverão ser efetuados até dez dias contados a partir do término do contrato.

a) (revogado);

b) (revogado).

§ 7º (Revogado.)

§ 8 A inobservância do disposto no § 6º deste artigo sujeitará o infrator à multa de 160 BTN, por trabalhador, bem assim ao pagamento da multa a favor do empregado, em valor equivalente ao seu salário, devidamente corrigido pelo índice de variação do BTN, salvo quando, comprovadamente, o trabalhador der causa à mora.

§ 9º (vetado).

§ 10. A anotação da extinção do contrato na Carteira de Trabalho e Previdência Social é documento hábil para requerer o benefício do seguro-desemprego e a movimentação da conta vinculada no Fundo de Garantia do Tempo de Serviço, nas hipóteses legais, desde que a comunicação prevista no *caput* deste artigo tenha sido realizada.

Quando a iniciativa da rescisão é do empregado, o correto é dizer que este pediu *demissão*.

Quando a iniciativa da rescisão é do empregador, é correto dizer que o empregado foi *despedido*.

RESCISÃO POR DEMISSÃO

Quando o empregado toma a iniciativa da rescisão, terá ele direito a receber o saldo de salário, as férias vencidas (se houver), as férias proporcionais (caso tenha seu contrato mais de um ano de vigência), o 13º salário proporcional.

Quanto ao aviso-prévio, deverá o empregado cumpri-lo; do contrário, poderá o empregador cobrar-lhe este valor. É o que prevê o § 2º do art. 487 da CLT: "§ 2º A falta de aviso-prévio por parte do empregado dá ao empregador o direito de descontar os salários correspondentes ao prazo respectivo".

O empregado demissionário não faz jus ao recebimento da multa de 40% sobre os depósitos efetuados pelo empregador na conta de FGTS nem terá direito de levantar esses depósitos.

RESCISÃO POR DESPEDIMENTO

Neste caso, o empregado tem direito de receber o saldo de salário, as férias vencidas e proporcionais (mesmo com menos de um ano de vigência do contrato), o 13º salário proporcional, a levantar os depósitos no FGTS, os 40% sobre estes e, ainda, terá direito de cumprir ou receber um salário de aviso-prévio.

Quanto ao aviso-prévio a lei diz:

> Não havendo prazo estipulado, a parte que, sem justo motivo, quiser rescindir o contrato, deverá avisar a outra da sua resolução, com a antecedência mínima de:
>
> I – (*Revogado tacitamente pela Constituição – art. 7º, XXI*);
>
> II – 30 (trinta) dias aos que perceberem por quinzena ou mês, ou que tenham mais de 12 (doze) meses de serviço na empresa.
>
> § 1º A falta do aviso-prévio por parte do empregador dá ao empregado o direito aos salários correspondentes ao prazo do aviso, garantida sempre a integração desse período no seu tempo de serviço.

No caso de aviso-prévio trabalhado, o empregado terá direito a uma redução na jornada de duas horas, ou redução de 7 (sete) dias corridos no mesmo período de aviso. Isso se dá para que o empregado procure novo emprego. É a previsão do art. 488 da CLT, que assim fala:

> Art. 488. O horário normal de trabalho do empregado, durante o prazo do aviso, e se a rescisão tiver sido promovida pelo empregador, será reduzido de 2 (duas) horas diárias, sem prejuízo do salário integral.
> Parágrafo único. É facultado ao empregado trabalhar sem a redução das 2 (duas) horas diárias previstas neste artigo, caso em que poderá faltar ao serviço, sem prejuízo do salário integral, por 1 (um) dia, na hipótese do inciso I, e por 7 (sete) dias corridos, na hipótese do inciso II do art. 487 desta Consolidação.

O Capítulo 16 trata mais detalhadamente sobre o aviso-prévio.

Tanto neste item como no anterior, tratamos da rescisão sem justa causa. Vejamos agora a rescisão por justa causa.

DESPEDIDA POR JUSTA CAUSA

A lei brasileira (Consolidação das Leis do Trabalho – CLT) prevê em seu art. 482, como justas causas para a rescisão do contrato de trabalho pelo empregador, os seguintes motivos:

a) ato de improbidade;
b) incontinência de conduta ou mau procedimento;
c) negociação habitual por conta própria ou alheia sem permissão do empregador, e quando constituir ato de concorrência à empresa para a qual trabalha o empregado, ou for prejudicial ao serviço;
d) condenação criminal do empregado, passada em julgado, caso não tenha havido suspensão da execução da pena;
e) desídia no desempenho das respectivas funções;
f) embriaguez habitual ou em serviço;
g) violação de segredo da empresa;
h) ato de indisciplina ou de insubordinação;
i) abandono de emprego;
j) ato lesivo da honra ou da boa fama praticado no serviço contra qualquer pessoa, ou ofensas físicas, nas mesmas condições, salvo em caso de legítima defesa, própria ou de outrem;

k) ato lesivo da honra ou da boa fama ou ofensas físicas praticadas contra o empregador e superiores hierárquicos, salvo em caso de legítima defesa, própria ou de outrem;

l) prática constante de jogos de azar;

m) perda da habilitação ou dos requisitos estabelecidos em lei para o exercício da profissão, em decorrência de conduta dolosa do empregado.

Parágrafo único. Constitui igualmente justa causa para dispensa de empregado, a prática, devidamente comprovada em inquérito administrativo, de atos atentatórios à segurança nacional.

A lei brasileira adota o princípio da enumeração taxativa, isto é, só constituem motivo justo para a rescisão do contrato de trabalho sem ônus para o empregador os atos previamente previstos na lei. Repete-se aqui o princípio do direito penal do *nullum crime, nulla poena sine lege.*

Vejamos cada uma das previsões legais.

A *improbidade* caracteriza-se pela prática de atos desonestos; são geralmente os crimes contra o patrimônio. Esses atos tanto podem ser praticados no ambiente de trabalho como fora, assim como contra terceiros.

A *incontinência de conduta* revela-se pelas atitudes do empregado incompatíveis com a moral sexual. São os atos de homossexualismo, de libidinagem etc., e desde que praticados no ambiente de trabalho, ou quando ocorridas fora da empresa, venham a refletir negativamente nesta.

O *mau procedimento* ocorre quando o empregado toma atitudes incompatíveis com o ambiente de trabalho, mas sem importar em incontinência de conduta. São os excessos verbais, as brincadeiras inoportunas etc.

A *negociação habitual* se dá quando o empregado pratica atos de comércio no ambiente de trabalho, sem permissão do empregador, ou quando praticados fora deste, sejam prejudiciais ao serviço ou ainda quando se constituem em atos de concorrência ao empregador.

A *condenação criminal* é uma justa causa *sui generis,* pois está atrelada à impossibilidade de o empregado prestar serviços por estar preso ou por estar impedido de exercer sua função (motorista, médico, advogado) por determinação judicial.

Ocorre a *desídia* quando o empregado é desleixado no exercício de suas funções; quando falta injustificadamente ou chega atrasado constantemente.

A *embriaguez* pode vir a ocorrer em serviço (uma única vez basta) ou fora do ambiente de trabalho (nesse caso deve ser habitual).

A *violação de segredo* se dá quando o empregado revela segredos industriais e/ou comerciais do empregador. Os segredos pessoais, se revelados, não ensejam a ocorrência dessa justa causa.

A *indisciplina* é revelada pelos atos do empregado consistentes na desobediência ao regulamento da empresa.

Já a *insubordinação* ocorre quando o empregado não acata ordens diretas do empregador ou superiores hierárquicos.

O *abandono de emprego* se dá quando o empregado se ausenta do ambiente de trabalho sem dar satisfação ao empregador. A jurisprudência fixa em trinta dias o prazo para configuração desta figura, mas poderá ocorrer o *abandono* em um prazo inferior, quando o empregado vai trabalhar para outro empregador. Não há necessidade de se colocar anúncios em jornais.

Ato lesivo da honra ou da boa fama são aqueles previstos no Código Penal, ou seja, a injúria, a difamação e a calúnia.

As *ofensas físicas* quando praticadas no serviço contra qualquer pessoa (inclusive visitas) constituem esta justa causa. Se praticadas contra o empregador ou contra superiores hierárquicos, mesmo fora do ambiente de trabalho, poderão vir a constituir a justa causa.

Jogos de azar são aqueles em que a sorte é o único elemento determinante para se ganhar ou não o jogo. Pela lei muitos jogos de azar são permitidos: sena, loto e loteca. Para o direito do trabalho mesmo estes, se praticados de forma constante, constituirão a justa causa.

A *perda de habilitação* ou *requisitos para exercício de função* foi incluída em 2017, e se trata de motivo relevante para as relações de trabalho. Imagine um motorista profissional que sofre uma punição de suspensão do direito de conduzir veículos por algum tempo. Nessa caso, o empregador não teria como utilizar dos serviços desse empregado, pois sofreu punição do Estado que impede a continuidade do contrato de trabalho. O mesmo pode-se imaginar no caso de contadores, advogados, médicos e outras profissões que sujeitam o trabalhador a punições de órgãos de classe que suspendam e até proíbam o exercício da profissão para sempre.

DESPEDIDA INDIRETA

Esta é a justa causa patronal. São atos praticados pelo empregador que dão ao empregado o direito de demitir-se do emprego, e o patrão fica obrigado a pagar-lhe todos os direitos trabalhistas como se tivesse ocorrido a despedida.

As causas para essa rescisão indireta estão previstas no art. 483 da Consolidação das Leis do Trabalho:

Art. 483. O empregado poderá considerar rescindido o contrato e pleitear a devida indenização quando:
a) forem exigidos serviços superiores às suas forças, defesos por lei, contrários aos bons costumes, ou alheios ao contrato;
b) for tratado pelo empregador ou por seus superiores hierárquicos com rigor excessivo;
c) correr perigo manifesto de mal considerável;
d) não cumprir o empregador as obrigações do contrato;
e) praticar o empregador ou seus prepostos, contra ele ou pessoas de sua família, ato lesivo da honra ou da boa fama;
f) o empregador ou seus prepostos ofenderem-no fisicamente, salvo em caso de legítima defesa, própria ou de outrem;
g) o empregador reduzir o seu trabalho, sendo este por peça ou tarefa, de forma a afetar sensivelmente a importância dos salários.
§ 1º O empregado poderá suspender a prestação dos serviços ou rescindir o contrato, quando tiver de desempenhar obrigações legais, incompatíveis com a continuação do serviço.
§ 2º No caso de morte do empregador constituído em empresa individual, é facultado ao empregado rescindir o contrato de trabalho.
§ 3º Nas hipóteses das letras *d* e *g*, poderá o empregado pleitear a rescisão de seu contrato de trabalho e o pagamento das respectivas indenizações, permanecendo ou não no serviço até final decisão do processo.

O princípio da imediatidade também deve ser observado aqui.

Na prática, nenhum empregador paga amigavelmente as verbas devidas ao empregado em virtude da prática de um dos atos descritos. O empregado, que se sentir ofendido pelo empregador, deve buscar ajuda na Justiça do Trabalho.

TERMINAÇÃO DO CONTRATO DE TRABALHO POR ACORDO

A chamada reforma trabalhista trouxe uma novidade para o direito do trabalho brasileiro, que é a possibilidade de terminação do contrato por acordo, algo que jamais existiu na nossa legislação trabalhista.

A previsão está contida no art. 484-A da CLT:

Art. 484-A. O contrato de trabalho poderá ser extinto por acordo entre empregado e empregador, caso em que serão devidas as seguintes verbas trabalhistas

I – por metade:

a) o aviso prévio, se indenizado; e

b) a indenização sobre o saldo do Fundo de Garantia do Tempo de Serviço, prevista no § 1º do art. 18 da Lei n. 8.036, de 11 de maio de 1990;

II – na integralidade, as demais verbas trabalhistas.

§ 1º A extinção do contrato prevista no *caput* deste artigo permite a movimentação da conta vinculada do trabalhador no Fundo de Garantia do Tempo de Serviço na forma do inciso I-A do art. 20 da Lei n. 8.036, de 11 de maio de 1990, limitada até 80% (oitenta por cento) do valor dos depósitos.

§ 2º A extinção do contrato por acordo prevista no *caput* deste artigo não autoriza o ingresso no Programa de Seguro-Desemprego.

Essa novidade coloca fim nos acordos vedados pela legislação quee somente serviam para gerar discussões na Justiça, pois era comum o empregado assinar aviso-prévio com data retroativa e devolver a multa de 40% sobre os depósitos na conta de Fundo de Garantia do Tempo de Serviço. A partir desse "acordo", o empregado muitas vezes se sentia lesado e buscava o Poder Judiciário para reaver o aviso-prévio e a multa.

CAPÍTULO 15

Normas especiais de proteção ao trabalho

Algumas profissões ganharam do legislador proteção maior que outras, em razão das condições ou métodos de trabalho.

Neste capítulo, serão estudadas profissões que não se encaixam na regra geral da CLT, mas em leis especiais e, também, na própria Consolidação.

Começaremos estudando as profissões com normas especiais previstas na CLT.

BANCÁRIOS

Ganhou a profissão de bancário normas especiais em razão da fadiga maior do empregado desse setor. A complexidade do ramo bancário causa maior desgaste ao trabalhador, podendo-se afirmar que se trata de atividade penosa.

A principal proteção dada ao trabalhador bancário é quanto à jornada. Diz a CLT, em seu art. 224, que o horário de trabalho em bancos será de seis horas diárias, com duração semanal de 30 horas semanais.

Todavia, a própria CLT, no § 2º do mesmo art. 224, prevê que a jornada reduzida de seis horas não prevalecerá quando se trata de exercentes de função de confiança (gerentes, chefes, funções de fiscalização e outras de confiança). Nesses casos, o empregado bancário poderá trabalhar oito horas, sem direito ao recebimento de horas extras. Nessas circunstâncias, a lei ainda determina que, para o trabalhador não fazer jus ao recebimento de horas extras, terá de receber uma gratificação de no mínimo 1/3 do salário normal. Vê-se, portanto, que são duas as condições para que o bancário possa trabalhar oito horas por dia sem ter direito ao recebimento de horas extras. O Tribunal Superior do Trabalho assim se pronuncia sobre a questão:

Súmula n. 166 do TST: "BANCÁRIO. CARGO DE CONFIANÇA (mantida) – Res. n. 174/2011, *DEJT* divulgado em 27, 30 e 31.05.2011
I – A configuração, ou não, do exercício da função de confiança a que se refere o art. 224, § 2º, da CLT, dependente da prova das reais atribuições do empregado, é insuscetível de exame mediante recurso de revista ou de embargos. (ex-Súmula n. 204 – alterada pela Res. n. 121/2003, *DJ* 21.11.2003)
II – O bancário que exerce a função a que se refere o § 2º do art. 224 da CLT e recebe gratificação não inferior a um terço de seu salário já tem remuneradas as duas horas extraordinárias excedentes de seis. (ex-Súmula n. 166 – RA n. 102/1982, *DJ* 11.10.1982 e *DJ* 15.10.1982)
III – Ao bancário exercente de cargo de confiança previsto no art. 224, § 2º, da CLT são devidas as 7ª e 8ª horas, como extras, no período em que se verificar o pagamento a menor da gratificação de 1/3. (ex-OJ n. 288 da SBDI-1 – *DJ* 11.08.2003)
IV – O bancário sujeito à regra do art. 224, § 2º, da CLT cumpre jornada de trabalho de 8 (oito) horas, sendo extraordinárias as trabalhadas além da oitava. (ex-Súmula n. 232 – RA n. 14/1985, *DJ* 19.09.1985)
V – O advogado empregado de banco, pelo simples exercício da advocacia, não exerce cargo de confiança, não se enquadrando, portanto, na hipótese do § 2º do art. 224 da CLT. (ex-OJ n. 222 da SBDI-1 – inserida em 20.06.2001)
VI – O caixa bancário, ainda que caixa executivo, não exerce cargo de confiança. Se perceber gratificação igual ou superior a um terço do salário do posto efetivo, essa remunera apenas a maior responsabilidade do cargo e não as duas horas extraordinárias além da sexta. (ex-Súmula n. 102 – RA 66/1980, *DJ* 18.06.1980 e republicada *DJ* 14.07.1980)
VII – O bancário exercente de função de confiança, que percebe a gratificação não inferior ao terço legal, ainda que norma coletiva contemple percentual superior, não tem direito às sétima e oitava horas como extras, mas tão somente às diferenças de gratificação de função, se postuladas. (ex--OJ n. 15 da SBDI-1 – inserida em 14.03.1994)

Conclui-se, pois, que o bancário exercente de função de confiança só fará jus ao recebimento de horas extras quando trabalhar mais de oito horas por dia.
Mesmo assim, existem casos em que o bancário poderá trabalhar mais de oito horas por dia e não fará jus ao recebimento de horas extras. São aqueles previstos no Enunciado n. 287 do TST:

O gerente bancário, enquadrado na previsão do § 2º do art. 224 consolidado, cumpre jornada normal de oito horas, somente não tendo jus às horas suplementares, excedentes da oitava, quando investido de mandato, em forma legal, tenha encargos de gestão e usufrua de padrão salarial que o distinga dos demais empregados.

TELEFONISTA

A CLT prevê para a telefonista jornada de seis horas (art. 227). Da mesma jornada, segundo o mesmo dispositivo legal, usufruem os empregados em serviço de telegrafia, radiotelegrafia e radiotelefonia.

Hipótese de grande ocorrência na Justiça do Trabalho é aquela em que as recepcionistas ingressam com reclamação pedindo o enquadramento de seu trabalho como de telefonista, uma vez que em suas atividades também atendem a telefone. Nesses casos, não há que se falar em serviço de telefonista, pois, para que tal se caracterize, faz-se necessário que a empregada trabalhe o tempo todo no atendimento de ligações telefônicas.

O exercício de outras funções, que não as de atendimento de telefonemas, descaracteriza o serviço de telefonista, não fazendo jus à proteção legal da jornada reduzida.

OPERADORES CINEMATOGRÁFICOS

O art. 234 da CLT trata da jornada desses profissionais. É ela de seis horas, sendo cinco consecutivas de trabalho em cabine, e uma para limpeza, lubrificação dos aparelhos de projeção ou revisão de filmes.

SERVIÇO FERROVIÁRIO

Considera-se como serviço ferroviário os de transporte em estradas de ferro, administração, conservação e remoção das vias férreas e seus edifícios, obras de arte, material rodante, instalações complementares e acessórias, bem como o serviço de tráfego, de telegrafia, telefonia e funcionamento de todas as instalações ferroviárias.

Permite a lei que as estradas de ferro tenham empregados extranumerários, de prontidão e de sobreaviso.

Extranumerário é aquele empregado não efetivo, candidato à efetivação, que se apresentar normalmente ao serviço, embora só trabalhe quando for necessário. Esses trabalhadores só recebem pelo trabalho efetivamente realizado.

De sobreaviso é considerado o empregado efetivo que permanecer em sua própria casa, aguardando a qualquer momento o chamado para o serviço. Cada escala de sobreaviso não poderá ser superior a 24 horas. Nessas condições, o trabalhador fará jus a receber essas horas à razão de um terço da hora normal. Se for efetivamente chamado, deverá receber tais horas como horas suplementares.

Prontidão é considerado o empregado que ficar nas dependências da estrada, aguardando ordens. Nesse caso, a escala será de 12 horas, sendo que essas horas serão pagas à razão de 2/3 da hora normal.

SERVIÇOS DE FRIGORÍFICOS

Os trabalhadores em frigoríficos têm direito, após 1h40min de trabalho, direito a um descanso de 20 minutos, sendo essa paralisação computada na jornada, ou seja, trata-se de período de interrupção. Esclarecendo: se um empregado trabalha das 8 às 17 horas, com 1 hora de intervalo, mesmo com os descansos de 20 minutos, continuará a sair às 17 horas.

JORNALISTAS

A principal proteção ao trabalho jornalístico reside, também, na redução da jornada. Essa é de cinco horas (art. 303 da CLT). Essa jornada aplica-se a qualquer jornalista, desde que exerça tais funções em empresa jornalística ou não. Isso quer dizer que fará jus à proteção da lei o jornalista que trabalhe em um grande jornal, bem como aquele que exercer suas funções em uma revista de uma empresa, digamos do ramo bancário ou metalúrgico.

PROFESSORES

Os professores não poderão ministrar, por dia, no mesmo estabelecimento, mais de quatro aulas consecutivas, nem mais de seis intercaladas.

Quanto à remuneração, essa será fixada pelo número de aulas semanais, na conformidade dos horários. Isso quer dizer que, não havendo diminuição do valor da hora-aula, poderá ter o professor redução no número de aulas, pois a garantia que lhe é dada pela lei não pode engessar o ensino.

CABINEIROS DE ELEVADOR

É a profissão de ascensorista. A jornada de trabalho desses profissionais é de seis horas, por força do estatuído na Lei n. 3.270/57. Não é permitida qualquer prorrogação de jornada a esses trabalhadores.

DIGITADOR

Não traz a CLT normas relativas a essa profissão, tão atual em virtude da presença da computação em todos os ramos profissionais.

O digitador é equiparado ao mecanógrafo ou ao datilógrafo, haja vista a similitude das atividades. Portanto, aplica-se aos digitadores o previsto no art. 72 consolidado, ou seja, a cada 90 minutos de trabalho terá ele direito a 10 de descanso, não deduzidos da jornada.

ATLETAS PROFISSIONAIS

A profissão de atleta é regida pela Lei n. 9.615/98 (Lei Pelé).
Para os atletas profissionais de futebol, aplica-se, ainda, a Lei n. 6.354/76.
Os principais elementos do contrato do atleta profissional de futebol são: contrato de trabalho por prazo determinado, por um período de três meses a cinco anos; jornada de trabalho de 8 horas diárias (limitadas a 44 semanais); os bichos e as luvas integram a remuneração; o atraso no pagamento dos salários por no mínimo três meses permite ao empregado dar por rescindido o contrato; o término do contrato de trabalho importa na extinção do vínculo desportivo (passe).

A Lei n. 9.615/98 sofreu significativas alterações por força da Lei n. 12.395/2011, a qual introduziu as seguintes novidades:
* Cláusula indenizatória a ser paga pelo atleta ao clube no caso de rescisão antecipada, no valor equivalente a no máximo 2.000 vezes o salário médio do atleta;
* Cláusula compensatória desportiva, devida ao atleta no valor máximo de 400 vezes o valor do salário mensal no momento da rescisão e, como

limite mínimo, o valor total dos salários mensais a que teria direito o atleta até o término do referido contrato.
- O Direito de Arena correspondente a 5% do valor que os clubes recebem das emissoras de televisão por autorizarem as transmissões, divididos entre os atletas que participarem das partidas.
- Férias de 30 dias coincidentemente com o recesso anual da modalidade.
- Concentração por até 3 dias consecutivos por semana.
- Não permite a cobrança de multas, o que no passado era permitido na modalidade futebol.

ARTISTA

A atividade de artista tem jornada diferenciada, conforme esteja a atividade ligada a radiodifusão, gravação, cinema, fotografia, teatro, circo e variedades.

Para as atividades de radiodifusão, fotografia e gravação a jornada é de 6 horas, com limite semanal de 30 horas.

No cinema, quando em estúdio, a jornada é de 6 horas.

Já no teatro, a jornada terá a duração das sessões, sendo estas de, no máximo, 8 horas semanais. Isso quando em apresentação, pois, tratando-se de ensaio, a jornada é a normal da CLT (8 horas).

No trabalho em circos e variedades, a jornada é de 8 horas, com duração semanal de 40 horas.

ADVOGADO

O advogado empregado tem sua atividade regida pela Lei n. 8.906, de 1994.

A jornada do advogado compreende o período em que ele estiver à disposição do empregador ou executando ordens no seu escritório ou em atividades externas, tendo direito ao reembolso das despesas com transporte, hospedagem e alimentação.

É de 4 horas a jornada do advogado, e sua carga semanal de 20 horas. As horas suplementares serão acrescidas de 100%.

Havendo dedicação exclusiva, a jornada de trabalho será de 8 horas. Esta condição deverá constar expressamente do contrato de trabalho.

AERONAUTAS

A profissão de aeronauta é regida pela Lei n. 13.475, de 28 de agosto de 2017.

São considerados aeronautas, para efeitos da Lei n. 13.475/2017, todos os tripulantes de voo, isto é, pilotos, comissários de voo e mecânicos de voo, detentores de licença e certificados emitidos pela autoridade de aviação civil brasileira.

Essa lei aplica-se também aos pilotos de aeronave, comissários de voo e mecânicos de voos brasileiros que exerçam suas funções a bordo de aeronave estrangeira, mas com contrato de trabalho celebrado no Brasil.

Sobre a jornada, esta poderá ser definida conforme o tipo de tripulação: mínima, simples, composta e de revezamento, sendo que a lei define cada uma delas em seus arts. 14 a 18:

> Art. 14. Tripulação mínima é a determinada na forma da certificação de tipo da aeronave, homologada pela autoridade de aviação civil brasileira, sendo permitida sua utilização em voos locais de instrução, de experiência, de vistoria e de traslado.
>
> Art. 15. Tripulação simples é a constituída de uma tripulação mínima acrescida, quando for o caso, dos tripulantes necessários à realização do voo.
>
> Art. 16. Tripulação composta é a constituída de uma tripulação simples acrescida de um comandante, de um mecânico de voo, quando o equipamento assim o exigir, e de, no mínimo, 25% (vinte e cinco por cento) do número de comissários de voo.
>
> Parágrafo único. A tripulação composta somente poderá ser utilizada em voos internacionais, exceto nas seguintes situações, quando poderá ser utilizada em voos domésticos:
>
> I – para atender a atrasos ocasionados por condições meteorológicas desfavoráveis ou por trabalhos de manutenção não programados;
>
> II – quando os critérios de utilização dos tripulantes de voo e de cabine empregados no serviço aéreo definido no inciso I do *caput* do art. 5º estiverem definidos em convenção ou acordo coletivo de trabalho;
>
> III – para atendimento de missão humanitária, transportando ou destinada ao transporte de enfermos ou órgãos para transplante, no caso de tripulantes de voo e de cabine empregados nos serviços aéreos definidos no inciso II do *caput* do art. 5º desta Lei.
>
> Art. 17. Tripulação de revezamento é a constituída de uma tripulação simples acrescida de um comandante, de um piloto, de um mecânico de voo,

quando o equipamento assim o exigir, e de 50% (cinquenta por cento) do número de comissários de voo.

Parágrafo único. A tripulação de revezamento só poderá ser empregada em voos internacionais.

Art. 18. Um tipo de tripulação só poderá ser transformado na origem do voo e até o limite de 3 (três) horas, contadas a partir da apresentação da tripulação previamente escalada.

Parágrafo único. A contagem de tempo para limite da jornada será a partir da hora de apresentação da tripulação original ou do tripulante de reforço, considerando o que ocorrer primeiro.

E os arts. 31 a 33 da mesma lei arrematam:

Art. 31. Aos tripulantes de voo ou de cabine empregados no serviço aéreo definido no inciso I do *caput* do art. 5º serão assegurados os seguintes limites de horas de voo e de pousos em uma mesma jornada de trabalho:

I – 8 (oito) horas de voo e 4 (quatro) pousos, na hipótese de integrante de tripulação mínima ou simples;

II – 11 (onze) horas de voo e 5 (cinco) pousos, na hipótese de integrante de tripulação composta;

III – 14 (catorze) horas de voo e 4 (quatro) pousos, na hipótese de integrante de tripulação de revezamento; e

IV – 7 (sete) horas sem limite de pousos, na hipótese de integrante de tripulação de helicópteros.

§ 1º O número de pousos na hipótese do inciso I deste artigo poderá ser aumentado em mais 1 (um), a critério do empregador, acrescendo-se, nesse caso, 2 (duas) horas ao repouso que precede a jornada.

§ 2º Não obstante o previsto no § 1º deste artigo, em caso de desvio para aeroporto de alternativa, será permitido o acréscimo de mais 1 (um) pouso aos limites estabelecidos nos incisos I, II e III deste artigo.

§ 3º Os tripulantes que operam aeronaves convencionais e turbo-hélice poderão ter o limite de pousos estabelecido no inciso I deste artigo aumentado em mais 2 (dois) pousos.

Art. 32. Aos tripulantes empregados nos serviços aéreos definidos nos incisos II, III, IV e V do *caput* do art. 5º são assegurados os seguintes limites de horas de voo em uma mesma jornada de trabalho:

I – 9 (nove) horas e 30 (trinta) minutos de voo, na hipótese de integrante de tripulação mínima ou simples;

II – 12 (doze) horas de voo, na hipótese de integrante de tripulação composta;

III – 16 (dezesseis) horas de voo, na hipótese de integrante de tripulação de revezamento;

IV – 8 (oito) horas de voo, na hipótese de integrante de tripulação de helicópteros.

§ 1º Aos tripulantes referidos neste artigo não serão assegurados limites de pousos em uma mesma jornada de trabalho.

§ 2º Os tripulantes empregados nos serviços aéreos definidos no inciso IV do *caput* do art. 5º, quando em atividade de fomento ou proteção à agricultura, poderão ter os limites previstos neste artigo estabelecidos em convenção ou acordo coletivo de trabalho, desde que não ultrapassem os parâmetros de segurança de voo determinados na regulamentação da autoridade de aviação civil brasileira.

Art. 33. Aos tripulantes são assegurados os seguintes limites mensais e anuais de horas de voo:

I – 80 (oitenta) horas de voo por mês e 800 (oitocentas) horas por ano, em aviões a jato;

II – 85 (oitenta e cinco) horas de voo por mês e 850 (oitocentas e cinquenta) horas por ano, em aviões turbo-hélice;

III – 100 (cem) horas de voo por mês e 960 (novecentas e sessenta) horas por ano, em aviões convencionais;

IV – 90 (noventa) horas de voo por mês e 930 (novecentas e trinta) horas por ano, em helicópteros.

§ 1º Quando os tripulantes operarem diferentes tipos de aeronaves, o limite inferior será respeitado.

§ 2º Os tripulantes de voo empregados nos serviços aéreos especializados definidos no inciso IV do *caput* do art. 5º, quando em atividade de fomento ou proteção à agricultura, poderão ter os limites previstos neste artigo estabelecidos em convenção ou acordo coletivo de trabalho, desde que não ultrapassem os parâmetros de segurança de voo determinados na regulamentação da autoridade de aviação civil brasileira.

AEROVIÁRIO

A profissão de aeroviário é regida pelo Decreto n. 1.232, de 22 de junho de 1962, a qual define o aeroviário como sendo o trabalhador que, não sendo aeronauta, exerce função remunerada nos serviços terrestres de empresa de transporte aéreo.

Art 1º [...]

Parágrafo único. É também considerado aeroviário o titular de licença e respectivo certificado válido de habilitação técnica, expedidos pela Diretoria de Aeronáutica Civil para prestação de serviços em terra, que exerça função efetivamente remunerada em aeroclubes, escolas de aviação civil, bem como o titular ou não de licença e certificado, que preste serviço de natureza permanente na conservação, manutenção e despacho de aeronaves.

A profissão de aeroviário compreende os que trabalham nos serviços de manutenção, operações, auxiliares e gerais.

Os arts. 6º a 9º definem as funções de cada uma dessas atividades:

Art. 6º Nos serviços de Manutenção estão incluídos, além de outros aeroviários que exerçam funções relacionadas com a manutenção de aeronaves, Engenheiros, Mecânicos de Manutenção nas diversas especializações designadas pela Diretoria de Aeronáutica Civil tais como:

I – Motores Convencionais ou Turbinas.
II – Eletrônica.
III – Instrumentos.
IV – Radiomanutenção.
V – Sistemas Elétricos.
VI – Hélice.
VII – Estruturas.
VIII – Sistema Hidráulico.
IX – Sistemas diversos.

Art. 7º Nos serviços de Operações estão incluídas, geralmente, as funções relacionadas com o tráfego, as telecomunicações e a meteorologia, compreendendo despachantes e controladores de voo, gerentes, balconistas, recepcionistas, radiolegrafistas, radiotelefonistas, meteorologistas, e outros aeroviários que exerçam funções relacionadas com as operações.

Art. 8º Nos serviços auxiliares, estão incluídas as atividades compreendidas pelas profissões liberais, instrução, escrituração, contabilidade e outras relacionadas com a organização técnica e comercial de empresa.

Art. 9º Nos serviços gerais, estão incluídas as atividades compreendidas pela limpeza e vigilância de edifícios, hangares, pistas, rampas, aeronaves e outras relacionadas com a conservação do Patrimônio Empresarial.

A jornada de trabalho dos aeroviários é a mesma dos demais trabalhadores, ou seja, 8 horas; a duração semanal é de 44 horas.

CAPÍTULO 16

Aviso-prévio

CONCEITO

É a comunicação que uma das partes do contrato de trabalho deve fazer à outra de que pretende rescindir a avença.

GENERALIDADES

Tem o aviso-prévio por finalidade comunicar uma das partes, com o intuito de não causar surpresa a rescisão pretendida. Se partir do empregador, este deverá pré-avisar o empregado com 30 dias de antecedência, sendo que o trabalhador terá direito a optar em reduzir sua jornada em duas horas todos os dias do trintídio, ou sete dias no final do período do aviso. Insista-se: é opção do trabalhador e não do empregador.

Agora, se o aviso-prévio partir do empregado, este também deverá dar a notícia ao empregador também com 30 dias de antecedência. Nesse caso, não há que se falar em redução nem de duas horas diárias nem de sete dias no final.

Tanto em um como em outro caso, o não cumprimento do aviso dá direito a uma indenização. Essa consiste se partir do empregador o aviso, no pagamento do salário do mês; se partir do empregado, poderá o empregador descontar o valor equivalente a um mês de salário.

O aviso-prévio será sempre de 30 dias, não importando se o empregado seja mensalista ou não.

O período do aviso integra o tempo de serviço, ainda que seja indenizado.

Consequência importante dessa afirmação reside nos casos de empregada gestante. Mesmo que ao ser despedida a empregada não se encontre grávida, ainda assim, se ela engravidar durante o período do aviso-prévio, terá direito à reintegração no emprego.

O Tribunal Superior do Trabalho vem firmando entendimento no sentido de que, havendo indenização e não cumprimento do aviso prévio, a ex-empregada que engravidar no período de 30 dias após o término do contrato de trabalho não fará jus à reintegração nem à indenização.

Não prevê a lei a figura do aviso-prévio cumprido em casa. Ou o empregador determina que o empregado cumpra o período do aviso trabalhando ou a dispensa. Na primeira hipótese, o empregador terá de pagar as verbas rescisórias no primeiro dia útil seguinte ao término do contrato; na segunda, o empregador terá até o décimo dia, após a comunicação do aviso, para pagar tais verbas. O aviso-prévio cumprido em casa equipara-se à dispensa de seu cumprimento.

IRRENUNCIABILIDADE

O aviso-prévio por parte do empregado é irrenunciável. Essa afirmação faz com que, muitas vezes, os empregadores se vejam surpreendidos com ação judicial, em que o trabalhador requer o pagamento do aviso-prévio, mesmo tendo ele pedido demissão. Diz a Súmula n. 276 do TST que o aviso-prévio é irrenunciável, não eximindo o empregador do pagamento do mesmo, ainda que solicitada a dispensa pelo empregado, salvo se for comprovado que este tinha outro emprego. Deve, pois, o empregador, quando um empregado solicitar dispensa do cumprimento do aviso, pedir uma declaração do novo emprego do trabalhador, ou, então, na falta desse documento, descontar o período do aviso, sob pena de, como visto, ter de pagar o aviso.

NOVA SISTEMÁTICA DO AVISO-PRÉVIO

A Lei n. 12.506, de 11 de outubro de 2011, alterou dispositivos da Consolidação das Leis do Trabalho, criando a figura do aviso-prévio proporcional ao tempo de serviço, em cumprimento do previsto na Constituição da República desde 1988, em seu art. 7º, XXI: "aviso-prévio proporcional ao tempo de serviço, sendo no mínimo de trinta dias, nos termos da lei".

A lei estabeleceu, expressamente, o seguinte:

Art. 1º O aviso-prévio, de que trata o Capítulo VI do Título IV da Consolidação das Leis do Trabalho – CLT, aprovada pelo Decreto-lei n. 5.452, de 1º de maio de 1943, será concedido na proporção de 30 (trinta) dias aos empregados que contem até 1 (um) ano de serviço na mesma empresa.

Parágrafo único. Ao aviso-prévio previsto neste artigo serão acrescidos 3 (três) dias por ano de serviço prestado na mesma empresa, até o máximo de 60 (sessenta) dias, perfazendo um total de até 90 (noventa) dias.

O Projeto de Lei era antigo, mas só depois que o Supremo Tribunal Federal ameaçou "legislar" sobre a matéria é que o mesmo foi transformado em lei.

A leitura do texto do art. 1º da nova lei encerra a ideia de que haveria uma proporção de 30 dias para os empregados com até um ano de serviço.

Outro questionamento é quanto à aplicação da lei para os empregados domésticos. Aí, a conclusão que se impõe é que, sim, até porque eles já tinham antes direito ao aviso-prévio que deve ser dado não só pelo patrão, mas, pelos empregados também.

No que diz respeito à redução da carga horária ou folgas ser possível a continuação, na forma do sistema anterior, mesmo se o prazo do aviso-prévio chegar a 90 dias, porque a matéria não foi alterada. Isso é, o prazo complementar aos 30 dias só se aplica para os efeitos indenizatórios.

Enfim, o aviso-prévio envolve vários aspectos. Ele tem de ser dado tanto pelo empregador como pelo empregado, a fim de evitar que uma das partes, de surpresa, possa rescindir o pacto laboral, unilateralmente, sem ônus. Ele independe da aceitação da parte avisada. É direito assegurado ao empregado e ao empregador, mas quanto a este somente os 30 dias já anteriormente assegurados e previstos na CLT.

Outro ponto importante que tem de ser destacado é que o empregado só terá de trabalhar 30 dias (ou com as reduções vistas anteriormente) e não 60, 80 ou 90 dias. Imagine-se um trabalhador que tenha direito a 90 dias de aviso-prévio e seja despedido, mas o empregador quer que ele preste serviços nesse período. Nesse caso, esse empregado trabalhará 30 dias, mas receberá o equivalente a 90 dias, pois se exigir que preste serviços nesse período seria desvirtuar todo o benefício previsto pela lei.

CAPÍTULO 17

Proteção ao trabalho da mulher, da criança e do adolescente

JUSTIFICATIVA DA PROTEÇÃO

Todas as legislações do mundo demonstram preocupações com a condição de trabalho da mulher e do menor. Com relação à primeira, por causa da sua formação física mais frágil e sua sagrada missão de gerar outras vidas. Quanto ao segundo, em virtude de se tratar de um organismo em desenvolvimento e para que haja maior aproveitamento da infância.

No tocante ao trabalho da mulher, afirma Ronald Amorim:

> No particular da proteção ao trabalho da mulher, entretanto, há que se proceder a melhor exame. O crescimento demográfico deixa o número de homens e mulheres muito próximo ou quase igual. As mulheres por seu turno, de há muito abandonaram aquela postura passiva de donas de casa, de pessoas preocupadas exclusivamente com as atividades domésticas e de mãe. As dificuldades para enfrentar as agruras da vida, por sua vez, exigiram do homem aceitar, incentivar ou pedir a ajuda de sua parceira ou cônjuge, para a manutenção do lar, para enfrentar os gastos e as despesas da família.
>
> Igual comportamento, a seu turno guardam os pais e irmãos, em relação às filhas e irmãs, todos sempre preocupados com o custo de manutenção de uma casa. A partir dessas necessidades, a mulher passou a ser uma mão de obra indispensável, não apenas para os gastos familiares, como pela qualidade e competência demonstradas no trabalho para justificar sua presença.
>
> Ao conquistar seu merecido lugar no mercado de trabalho, a mulher o fez pela sua competência, pela aplicação, pela seriedade do exercício dos misteres que lhe foram atribuídos. Nos tempos atuais já não perseguem as

mulheres quaisquer privilégios. Basta-lhes o respeito às suas aptidões e o tratamento como o dispensado a qualquer outra categoria de trabalhador. Se, por força de uma condição física eventual menos favorável, não disputam ou se habilitam à execução de certos cargos ou tarefas, já houve, aí, uma espécie de separação de tarefas que prescinde da atuação do legislador.

Feita a seleção natural, compatível com a aptidão física que a mulher, por sua iniciativa, separa, o que ela mais anseia é que se lhe respeitem os valores para atribuir-lhe o mesmo grau de responsabilidade pelo critério da competência e, em consequência, o pagamento dos salários na proporção dessa mesma competência demonstrada. (*Manual de legislação social*, s.d., p. 186-7)

E o mesmo autor afirma quanto aos menores que:

O trabalho do menor sofre restrições que, por si, encontram justificativa, ante a necessidade de preservar a mão de obra do amanhã e pelas condições físicas de um organismo em desenvolvimento e, por via de tais circunstâncias, as proibições são de grande monta. (ob. cit., p. 189)

TRABALHO DA MULHER

A Constituição da República traz a base dos direitos da mulher trabalhadora. Pela Lei Maior, à mulher são concedidos os seguintes direitos sociais: licença à gestante, sem prejuízo do emprego e do salário, com a duração de cento e vinte dias; proteção do mercado de trabalho da mulher, mediante incentivos específicos, nos termos da lei, e proibição de diferença de salário.

Em nível infraconstitucional, a CLT cuida da proteção do trabalho da mulher nos arts. 372 a 401.

À mulher é permitido cumprir trabalho em jornada extraordinária, devendo receber adicional de 50%.

É proibido à mulher o deslocamento de peso, quando utilizada apenas energia muscular, sendo superior a 20 kg tratando-se de serviço contínuo; e 25 kg quando se tratar de serviço ocasional (art. 390 da CLT). Tratando-se de tração mecânica, essa proibição desaparece (parágrafo único do art. 390 da CLT).

O trabalho noturno da mulher terá adicional de 20% sobre o salário diurno e também terá reduzida a hora noturna, consoante previsão da CLT:

Art. 381. O trabalho noturno das mulheres terá salário superior ao diurno.

§ 1º Para os fins desse artigo, os salários serão acrescidos duma percentagem adicional de 20% (vinte por cento) no mínimo.

§ 2º Cada hora do período noturno de trabalho das mulheres terá 52 (cinquenta e dois) minutos e 30 (trinta) segundos.

Quanto à proteção à maternidade, a Constituição Federal determina que a empregada não poderá ser despedida desde a confirmação da gravidez e até cinco meses após o parto.

No caso de aborto não criminoso, a mulher terá direito a um repouso remunerado de duas semanas.

A Lei n. 9.799, de 26.05.1999, inseriu texto consolidado, com significativas regras que disciplinaram o acesso da mulher ao trabalho.

As inovações são as seguintes:

Art. 373-A. Ressalvadas as disposições legais destinadas a corrigir as distorções que afetam o acesso da mulher ao mercado de trabalho e certas especificidades estabelecidas nos acordos trabalhistas, é vedado:

I – publicar ou fazer publicar anúncio de emprego no qual haja referência ao sexo, à idade, à cor ou situação familiar, salvo quando a natureza da atividade a ser exercida, pública e notoriamente, assim o exigir;

II – recusar emprego, promoção ou motivar a dispensa do trabalho em razão do sexo, idade, cor, situação familiar ou estado de gravidez, salvo quando a natureza da atividade seja notória e publicamente incompatível;

III – considerar o sexo, a idade, a cor ou situação familiar como variável determinante para fins de remuneração, formação profissional e oportunidades de ascensão profissional;

IV – exigir atestado ou exame, de qualquer natureza, para comprovação de esterilidade ou gravidez, na admissão ou permanência no emprego;

V – impedir o acesso ou adotar critérios subjetivos para deferimento de inscrição ou aprovação em concursos, em empresas privadas, em razão de sexo, idade, cor situação familiar ou estado de gravidez;

VI – proceder o empregador ou preposto a revistas íntimas nas empregadas ou funcionárias.

Parágrafo único. O disposto neste artigo não obsta a adoção de medidas temporárias que visem ao estabelecimento das políticas de igualdade entre homens e mulheres, em particular as que se destinam a corrigir as distorções que afetam a formação profissional, o acesso ao emprego e as condições gerais de trabalho da mulher.'

Art. 390-B. As vagas dos cursos de formação de mão de obra, ministrados por instituições governamentais, pelos próprios empregadores ou por qualquer órgão de ensino profissionalizante, serão oferecidas aos empregados de ambos os sexos.

Art. 390-C. As empresas com mais de cem empregados, de ambos os sexos, deverão manter programas especiais de incentivos e aperfeiçoamento profissional da mão de obra.

Art. 390-E. A pessoa jurídica poderá associar-se a entidade de formação profissional, sociedades civis, sociedades cooperativas, órgãos e entidades públicas ou entidades sindicais, bem como firmar convênios para o desenvolvimento de ações conjuntas, visando à execução de projetos relativos ao incentivo ao trabalho da mulher.

Art. 392. [...]

§ 3º Em casos de parto antecipado, a mulher terá sempre direito às 12 (doze) semanas previstas neste artigo.

§ 4º É garantido à empregada, durante a gravidez, sem prejuízo do salário e demais direitos:

I – transferência de função, quando as condições de saúde o exigirem, assegurada a retomada da função anteriormente exercida, logo após o retorno ao trabalho;

II – dispensa do horário de trabalho pelo tempo necessário para a realização de, no mínimo, seis consultas médicas e demais exames complementares.

Atualmente, a mulher que adotar terá direito à licença-maternidade, conforme prescreve a Lei n. 10.421, de 15 de abril de 2002, que alterou o art. 392, e incluiu o art. 392-A à CLT, modificado pela Lei n. 12.010/2009.

Art. 392. A empregada gestante tem direito à licença-maternidade de 120 (cento e vinte) dias, sem prejuízo do emprego e do salário.

§ 1º Deverá notificar o seu empregador da data do início do afastamento do emprego, que poderá ocorrer entre o 28º (vigésimo oitavo) dia antes do parto e ocorrência deste.

§ 2º Os períodos de repouso, antes e depois do parto, poderão ser aumentados de 2 (duas) semanas cada um, mediante atestado médico.

§ 3º Em caso de parto antecipado, a mulher terá direito aos 120 (cento e vinte) dias previstos neste artigo.

§ 4º (*Vetado.*)

§ 5º (*Vetado.*)

Art. 392-A. À empregada que adotar ou obtiver guarda judicial para fins de adoção de criança ou *adolescente* será concedida licença-maternidade nos termos do art. 392 desta Lei. [grifo nosso]

A mesma lei concedeu à mãe adotiva o direito ao salário-maternidade, nos mesmos moldes, ou seja, pelos mesmos períodos da licença-maternidade. Esse pagamento é devido pela Previdência Social, sendo que a Reforma Trabalhista de 2017 ampliou o alcance do artigo quando incluiu o adolescente na redação do artigo supra, razão de termos grifado a palavra no dispositivo da CLT.

Interessante inovação foi a introduzida na CLT em 2013, quanto à extensão a estabilidade ao cônjuge ou companheiro que cuidar da criança no caso de morte da mãe:

> Art. 392-B. Em caso de morte da genitora, é assegurado ao cônjuge ou companheiro empregado o gozo de licença por todo o período da licença-maternidade ou pelo tempo restante a que teria direito a mãe, exceto no caso de falecimento do filho ou de seu abandono.

Estabilidade e licença à gestante

A Constituição da República dá à mulher gestante estabilidade no emprego desde a confirmação da gravidez até cinco meses após o parto (art. 10, II, *b*, do ADCT).

No mesmo diploma é assegurado a licença à gestante no art. 7º, XVIII, de 120 dias, sem prejuízo do salário, que será pago pela Previdência Social.

Os empregadores poderão ampliar esse período para seis meses, sendo que, nesse caso, deverão pagar os salários desses dois meses, abatendo o valor em sua declaração de renda.

Lei Maria da Penha

A Lei n. 11.340/2006 trouxe reflexo nas relações de trabalho, pois assegura à mulher que sofreu violência doméstica a manutenção do vínculo trabalhista, quando necessário o afastamento do local de trabalho, por até seis meses, mas sem ter o empregador que pagar salários nesse período.

TRABALHO DA CRIANÇA E DO ADOLESCENTE

A Constituição da República permite o trabalho do menor a partir de 16 anos de idade. Veda, também, o trabalho a menores de 18 anos à noite ou em atividades perigosas ou insalubres (art. 7º, XXXIII).

A jornada de trabalho do menor poderá ser de 8 horas, ficando vedada a hora extra, exceto duas horas a mais, sem acréscimo salarial, desde que respeitada a duração semanal de 44 horas; e até o máximo de 12 horas de trabalho em um dia, ou excepcionalmente no caso de força maior e que sua presença seja imprescindível, com remuneração das horas excedentes com 50% a mais ao da hora normal (art. 413 da CLT).

Quando o menor tiver dois empregos, as horas de trabalho em cada um serão totalizadas.

O menor que possua Carteira de Trabalho pode celebrar contrato de trabalho sem a assistência paterna. Poderá, durante a vigência do contrato, assinar os recibos de pagamento; não poderá, todavia, dar quitação das verbas rescisórias quando da extinção do pacto laboral, havendo a necessária participação de seu representante legal.

Temos, hoje em dia, além das normas previstas na CLT, o Estatuto da Criança e do Adolescente (Lei n. 8.069/90), que traz um capítulo sobre o trabalho desses menores (arts. 60 a 69).

O menor não pode trabalhar em local que prejudique a moralidade.

Segundo a Lei n. 8.069/90, é vedado ao menor o trabalho em atividades penosas.

Para exercer trabalho em ruas, praças e demais logradouros, será necessária prévia autorização do Juiz da Infância e da Juventude.

APRENDIZAGEM

Com a nova redação do inciso XXXIII do art. 7º da Constituição Federal, o serviço como aprendiz poderá ser exercido a partir dos 14 anos.

A aprendizagem não se confunde com estágio. Este não terá vínculo de emprego, sendo que o aprendiz é empregado.

A aprendizagem consiste em um processo tendente a dar formação ao trabalhador menor, com intuito de torná-lo apto ao exercício de uma função.

Ocorre a aprendizagem quando o jovem trabalhador é matriculado em curso Senai ou Senac, ou outros similares e devidamente reconhecidos.

Ao aprendiz é garantido salário mínimo, não mais vigendo o estatuído no art. 80 da CLT, uma vez que a Constituição veda a diferença de salário por motivo de idade.

Desde 2000, várias leis alteraram os artigos da CLT relativos aos menores, os arts. 428 a 433 da CLT estão assim redigidos:

Art. 428. Contrato de aprendizagem é o contrato de trabalho especial, ajustado por escrito e por prazo determinado, em que o empregador se compromete a assegurar ao maior de 14 (quatorze) e menor de 24 (vinte e quatro) anos inscrito em programa de aprendizagem formação técnico-profissional metódica, compatível com o seu desenvolvimento físico, moral e psicológico, e o aprendiz, a executar com zelo e diligência as tarefas necessárias a essa formação.

§ 1º A validade do contrato de aprendizagem pressupõe anotação na Carteira de Trabalho e Previdência Social, matrícula e freqüência do aprendiz na escola, caso não haja concluído o ensino médio, e inscrição em programa de aprendizagem desenvolvido sob orientação de entidade qualificada em formação técnico-profissional metódica.

§ 2º Ao aprendiz, salvo condição mais favorável, será garantido o salário mínimo hora.

§ 3º O contrato de aprendizagem não poderá ser estipulado por mais de 2 (dois) anos, exceto quando se tratar de aprendiz portador de deficiência.

§ 4º A formação técnico-profissional a que se refere o *caput* deste artigo caracteriza-se por atividades teóricas e práticas, metodicamente organizadas em tarefas de complexidade progressiva desenvolvidas no ambiente de trabalho.

Art. 429. Os estabelecimentos de qualquer natureza são obrigados a empregar e matricular nos cursos dos Serviços Nacionais de Aprendizagem número de aprendizes equivalente a cinco por cento, no mínimo, e quinze por cento, no máximo, dos trabalhadores existentes em cada estabelecimento, cujas funções demandem formação profissional.

a) revogada;

b) revogada.

§ 1º-A. O limite fixado neste artigo não se aplica quando o empregador for entidade sem fins lucrativos, que tenha por objetivo a educação profissional.

§ 1º-B Os estabelecimentos a que se refere o *caput* poderão destinar o equivalente a até 10% (dez por cento) de sua cota de aprendizes à formação técnico-profissional metódica em áreas relacionadas a práticas de atividades desportivas, à prestação de serviços relacionados à infraestrutura, incluindo as atividades de construção, ampliação, recuperação e manutenção de instalações esportivas e à organização e promoção de eventos esportivos.

§ 1º As frações de unidade, no cálculo da percentagem de que trata o *caput*, darão lugar à admissão de um aprendiz.

§ 2º Os estabelecimentos de que trata o *caput* ofertarão vagas de aprendizes a adolescentes usuários do Sistema Nacional de Atendimento Socioeducativo (Sinase) nas condições a serem dispostas em instrumentos de cooperação celebrados entre os estabelecimentos e os gestores dos Sistemas de Atendimento Socioeducativo locais.

§ 3º Os estabelecimentos de que trata o *caput* poderão ofertar vagas de aprendizes a adolescentes usuários do Sistema Nacional de Políticas Públicas sobre Drogas – SISNAD nas condições a serem dispostas em instrumentos de cooperação celebrados entre os estabelecimentos e os gestores locais responsáveis pela prevenção do uso indevido, atenção e reinserção social de usuários e dependentes de drogas.

Art. 430. Na hipótese de os Serviços Nacionais de Aprendizagem não oferecerem cursos ou vagas suficientes para atender à demanda dos estabelecimentos, esta poderá ser suprida por outras entidades qualificadas em formação técnico-profissional metódica, a saber:

I – Escolas Técnicas de Educação;

II – Entidades sem fins lucrativos, que tenham por objetivo a assistência ao adolescente e à educação profissional, registradas no Conselho Municipal dos Direitos da Criança e do Adolescente;

III – entidades de prática desportiva das diversas modalidades filiadas ao Sistema Nacional do Desporto e aos Sistemas de Desporto dos Estados, do Distrito Federal e dos Municípios.

§ 1º As entidades mencionadas neste artigo deverão contar com estrutura adequada ao desenvolvimento dos programas de aprendizagem, de forma a manter a qualidade do processo de ensino, bem como acompanhar e avaliar os resultados.

§ 2º Aos aprendizes que concluírem os cursos de aprendizagem, com aproveitamento, será concedido certificado de qualificação profissional.

§ 3º O Ministério do Trabalho fixará normas para avaliação da competência das entidades mencionadas nos incisos II e III deste artigo.

§ 4º As entidades mencionadas nos incisos II e III deste artigo deverão cadastrar seus cursos, turmas e aprendizes matriculados no Ministério do Trabalho.

§ 5º As entidades mencionadas neste artigo poderão firmar parcerias entre si para o desenvolvimento dos programas de aprendizagem, conforme regulamento.

Art. 431. A contratação do aprendiz poderá ser efetivada pela empresa onde se realizará a aprendizagem ou pelas entidades mencionadas nos incisos II e III do art. 430, caso em que não gera vínculo de emprego com a empresa tomadora dos serviços.

a) revogada;

b) revogada;

c) *revogada*.

Parágrafo único. (*Vetado*.)

Art. 432. A duração do trabalho do aprendiz não excederá de seis horas diárias, sendo vedadas a prorrogação e a compensação de jornada.

§ 1º O limite previsto neste artigo poderá ser de até oito horas diárias para os aprendizes que já tiverem completado o ensino fundamental, se nelas forem computadas as horas destinadas à aprendizagem teórica.

§ 2º *Revogado*.

Art. 433. O contrato de aprendizagem extinguir-se-á no seu termo ou quando o aprendiz completar vinte e quatro anos, ou ainda antecipadamente nas seguintes hipóteses:

a) *revogada*;

b) *revogada*.

I – desempenho insuficiente ou inadaptação do aprendiz, salvo para o aprendiz com deficiência quando desprovido de recursos de acessibilidade, de tecnologias assistivas e de apoio necessário ao desempenho de suas atividades;

II – falta disciplinar grave;

III – ausência injustificada à escola que implique perda do ano letivo; ou

IV – a pedido do aprendiz.

Parágrafo único. *Revogado*.

§ 2º Não se aplica o disposto nos arts. 479 e 480 desta Consolidação às hipóteses de extinção do contrato mencionadas neste artigo.

CAPÍTULO 18

Segurança e medicina do trabalho

ASPECTOS GERAIS

A higiene é tema de grande importância para o direito do trabalho, podendo ser definida como o conjunto de regras e princípios que buscam preservar a saúde do trabalhador. Logo, aqui está se falando de prevenção, e não de cura das enfermidades ou dos acidentes que sofrem os trabalhadores, por conta do local ou das condições do trabalho. Aliás, higiene tem origem na palavra grega *hygies*, que significa **sadio**, também está relacionado à deusa da mitologia grega **Hígia,** protetora da saúde e do bem-estar orgânico.

Como visto no início deste livro, o trabalho na Antiguidade era basicamente escravocrata, não existindo preocupação com a saúde e segurança do trabalhador.

Com a Revolução Industrial o quadro de desamparo dos trabalhadores só aumentou, pois com a invenção da máquina, os empregados sofriam muitos acidentes, inclusive fatais, pois não se pensava na segurança e na vida dos operários.

A partir do final do século XIX, passou-se a ter preocupação com o tema segurança do trabalho, sendo que em 1919, a OIT passa a demonstrar preocupação com o assunto e cria normas de proteção ao trabalhador quanto à higiene e à segurança do trabalho.

No Brasil, a primeira Constituição a tratar do tema foi a de 1946 que assim afirmou: "Art. 157. A legislação do trabalho e a da previdência social obedecerão nos seguintes preceitos, além de outros que visem a melhoria da condição dos trabalhadores: [...] VIII – higiene e segurança do trabalho".

As demais constituições mantiveram tal preocupação, sendo que a atual no consagrado art. 7º, assim afirma em seu inciso XXII: "redução dos riscos inerentes ao trabalho, por meio de normas de saúde, higiene e segurança".
Cuida a CLT da segurança e medicina do trabalho nos arts. 154 a 201.
O art. 155 traz as incumbências dos órgãos fiscalizadores.
Diz o referido artigo:

> Art. 155. Incumbe ao órgão de âmbito nacional competente em matéria de segurança e medicina do trabalho:
> I – estabelecer, nos limites de sua competência, normas sobre a aplicação dos preceitos deste Capítulo, especialmente os referidos no art. 200;
> II – coordenar, orientar, controlar e supervisionar a fiscalização e as demais atividades relacionadas com a segurança e a medicina do trabalho em todo o território nacional, inclusive a Campanha Nacional de Prevenção de Acidentes do Trabalho;
> III – conhecer, em última instância, dos recursos, voluntários ou de ofício, das decisões proferidas pelos Delegados Regionais do Trabalho, em matéria de segurança e medicina do trabalho.

O art. 156 trata das atribuições dos órgãos de inspeção do trabalho:

> Art. 156. Compete especialmente à autoridade regional em matéria de inspeção do trabalho, nos limites de sua jurisdição:
> I – promover a fiscalização do cumprimento das normas de segurança e medicina do trabalho;
> II – adotar as medidas que se tornem exigíveis, em virtude das disposições deste Capítulo, determinando as obras e reparos que, em qualquer local de trabalho, se façam necessárias;
> III – impor as penalidades cabíveis por descumprimento das normas constantes deste Capítulo, nos termos do art. 201.

Os arts. 157 e 158 trazem as obrigações do empregador e do empregado, no que tange à matéria.

> Art. 157. Cabe às empresas:
> I – cumprir e fazer cumprir as normas de segurança e medicina do trabalho;
> II – instruir os empregados, através de ordens de serviço, quanto às precauções a tomar no sentido de evitar acidentes do trabalho ou doenças ocupacionais;

III – adotar as medidas que lhe sejam determinadas pelo órgão regional competente;

IV – facilitar o exercício da fiscalização pela autoridade competente.

Art. 158. Cabe aos empregados:

I – observar as normas de segurança e medicina do trabalho, inclusive as instruções de que trata o item II do artigo anterior;

II – colaborar com a empresa na aplicação dos dispositivos deste Capítulo.

Parágrafo único. Constitui ato faltoso do empregado a recusa injustificada:

a) à observância das instruções expedidas pelo empregador na forma do item II do artigo anterior;

b) ao uso dos equipamentos de proteção individual fornecidos pela empresa.

Atente-se para o parágrafo único do art. 158, que diz ser justa causa para despedida a inobservância de instruções de segurança e o não uso de EPIs (equipamentos individuais de proteção).

O empregado deve ser submetido a exame médico quando de seu ingresso na empresa, quando de sua saída e também periodicamente.

O empregador deve manter, no estabelecimento, material de primeiros socorros, de acordo com o risco da atividade.

A CLT traz regras a serem observadas quanto a edificações, iluminação, conforto térmico, instalações elétricas, manuseio, armazenagem e movimentação de materiais, máquinas e equipamentos, cadeiras e formas de recipientes sob pressão (arts. 170 a 188).

DAS ATIVIDADES INSALUBRES E PERIGOSAS

A insalubridade está prevista no art. 189 da CLT:

Art. 189. Serão consideradas atividades ou operações insalubres aquelas que, por sua natureza, condições ou métodos de trabalho, exponham os empregados a agentes nocivos à saúde, acima dos limites de tolerância fixados em razão da natureza e da intensidade do agente e do tempo de exposição aos seus efeitos.

Caso o empregado trabalhe em condições insalubres, terá ele direito a percepção de um adicional. Este adicional está previsto no art. 192 da Consolidação:

> Art. 192. O exercício de trabalho em condições insalubres, acima dos limites de tolerância estabelecidos pelo Ministério do Trabalho, assegura a percepção de adicional de 40% (quarenta por cento), 20% (vinte por cento) e 10% (dez por cento) do salário-mínimo da região, segundo se classifiquem nos graus máximo, médio e mínimo.
>
> A eliminação ou neutralização da insalubridade faz desaparecer o pagamento do adicional.

A periculosidade está prevista no art. 193 consolidado:

> Art. 193. São consideradas atividades ou operações perigosas, na forma da regulamentação aprovada pelo Ministério do Trabalho e Emprego, aquelas que, por sua natureza ou métodos de trabalho, impliquem risco acentuado em virtude de exposição permanente do trabalhador a:
> I – inflamáveis, explosivos ou energia elétrica;
> II – roubos ou outras espécies de violência física nas atividades profissionais de segurança pessoal ou patrimonial.
> § 1º O trabalho em condições de periculosidade assegura ao empregado um adicional de 30% (trinta por cento) sobre o salário sem os acréscimos resultantes de gratificações, prêmios ou participações nos lucros da empresa.
> § 2º O empregado poderá optar pelo adicional de insalubridade que porventura lhe seja devido.
> § 3º Serão descontados ou compensados do adicional outros da mesma natureza eventualmente já concedidos ao vigilante por meio de acordo coletivo.
> § 4º São também consideradas perigosas as atividades de trabalhador em motocicleta.

Como se depreende da leitura do § 1º citado, o adicional de periculosidade incide sobre o salário básico do empregado.

Trabalhando o empregado em condições insalubres e periculosas a um só tempo, terá direito a perceber apenas um dos adicionais (§ 2º supra).

E uma novidade que está no parágrafo quarto do artigo supra, que é o adicional de periculosidade para os motociclistas, anseio antigo dessa categoria, que está sujeita a acidentes, sendo que na cidade de São Paulo há uma média de um motociclista morto por dia em razão de acidentes (pesquisa de 2019).

COMISSÃO INTERNA DE PREVENÇÃO DE ACIDENTES – CIPA

A CIPA é obrigatória em todas as empresas que possuam mais de 20 empregados. Será composta por representantes do empregador e dos empregados. O mandato dos membros eleitos da CIPA terá duração de um ano, permitida uma reeleição. A presidência dessa Comissão caberá a um empregado designado pelo empregador, ficando a vice-presidência aos empregados.

Os titulares da representação dos empregados nas CIPA não poderão sofrer despedida arbitrária, salvo se o motivo do despedimento for disciplinar, técnico, econômico ou financeiro.

O art. 10, II, do Ato das Disposições Constitucionais Transitórias, ampliou a estabilidade do empregado eleito para cargo de direção da CIPA para até um ano após o final de seu mandato. Essa garantia tem seu início com o registro da candidatura do empregado, sendo que tal se estende aos suplentes, por determinação da Súmula n. 339 do TST: "O suplente da CIPA goza de garantia de emprego previsto no art. 10, inciso II, *a*, do ADCT da Constituição da República de 1988".

ASSÉDIO MORAL

Já vai longe o tempo em que segurança do ambiente de trabalho se restringia à proteção do trabalhador contra acidentes.

O meio ambiente do trabalho deve conter também a proteção ao bem-estar psicológico do empregado e não apenas um local livre de acidentes.

O assédio moral é o terror psicológico no trabalho. Pode acontecer de várias formas, mas principalmente por atos de constrangimento e situações humilhantes, como xingamentos, ofensas ou gritos ofensivos, e também exigir metas inatingíveis, agir com rigor excessivo ou colocar "apelidos" constrangedores no empregado, são alguns exemplos que podem configurar a prática do assédio moral.

Para a caracterização do assédio moral, os atos ou atitudes agressivas devem ser repetitivas, não se caracterizando como assédio moral uma só agressão. Por exemplo, se um dia o chefe ou empregador chama um empregado de burro diante de todos e nunca mais o faz, tal atitude caracteriza uma agressão moral que poderá ser indenizada em uma ação na Justiça do Trabalho. Agora, quando tal xingamento é constante, aí sim estaremos diante de um assédio moral, e uma eventual indenização deverá ter valor mais elevado, pois muito pior o dano.

O assédio moral quase sempre leva a vítima a desenvolver distúrbios psicológicos, o principal deles a depressão.

É duro o trabalhador ter de ir a uma empresa e lá passar 8, 9 horas por dia, e estar em um ambiente hostil, e como precisa do salário acaba tendo de aguentar.

O assédio moral pode ser de três tipos: descendente, ascendente e horizontal.

O descendente é aquele praticado pelos superiores hierárquicos ou empregador contra o subordinado.

O ascendente é aquele que é praticado pelos subordinados contra o superior hierárquico. É mais difícil de nos depararmos com esse tipo de assédio moral, mas poderá ocorrer. É muito comum no futebol quando um grupo de jogadores quer "derrubar" o técnico, perdendo jogos fáceis ou não atendendo sua orientação.

O assédio moral horizontal é aquele praticado pelos trabalhadores do mesmo nível. Aqui cumpre ressaltar que o empregador poderá ser responsabilizado pelos danos causados ao empregado pelos seus outros empregados.

ASSÉDIO SEXUAL

O assédio sexual é uma espécie do gênero assédio moral. A diferença é que neste o desconforto psicológico é particularmente direcionado à pressão de natureza sexual.

Trata-se de cantadas praticadas pelo chefe ou empregador contra o empregado, podendo a vítima ser homem ou mulher, mas todos sabemos que esta é muito mais assediada que os homens.

Convites para encontros após o expediente, toques com conotação sensual, cantadas chulas e até mesmo por atitudes sem se dizer uma palavra sequer, como deixar o computador com cenas eróticas na tela e chamar a empregada para conversar sobre assuntos de trabalho, mas com a visão da tela do computador plenamente visível.

Tanto no assédio moral como no sexual, o empregado poderá processar a empresa e requerer indenização.

Atualmente a CLT permite que não só o empregador seja condenado a indenizar o trabalhador, mas o causador do assédio também: "Art. 223-E. São responsáveis pelo dano extrapatrimonial todos os que tenham colaborado para a ofensa ao bem jurídico tutelado, na proporção da ação ou da omissão".

CAPÍTULO 19

Direito coletivo do trabalho

CONCEITO

Por direito coletivo do trabalho entende-se o ramo do direito do trabalho que estuda a organização sindical, os conflitos coletivos do trabalho e sua solução.

Não obstante sua especialização, o direito coletivo do trabalho não é ramo autônomo do direito.

LIBERDADE SINDICAL

Liberdade sindical consiste no direito dos trabalhadores e empregadores de se organizarem e constituírem livremente seus sindicatos, sem qualquer interferência do Estado. Também se inclui aqui, como liberdade sindical, o direito de ingressar ou de se retirar dos sindicatos.

AUTONOMIA SINDICAL

Esta é a possibilidade de atuação do grupo organizado em sindicato e não de forma individual por seus membros.

Pelo direito brasileiro, a autonomia sindical é restrita por categoria.

SINDICATOS NO BRASIL

Organização sindical

Os sindicatos são entidades privadas e não exercentes de funções delegadas pelo poder público, como era no passado.
Os sindicatos estão previstos no art. 8º da Constituição Federal:

Art. 8º É livre a associação profissional ou sindical, observado o seguinte:
I – a lei não poderá exigir autorização do Estado para a fundação de sindicato, ressalvado o registro no órgão competente, vedadas ao Poder Público a interferência e a intervenção na organização sindical;
II – é vedada a criação de mais de uma organização sindical, em qualquer grau, representativa de categoria profissional ou econômica, na mesma base territorial, que será definida pelos trabalhadores ou empregadores interessados, não podendo ser inferior à área de um Município;
III – ao sindicato cabe a defesa dos direitos e interesses coletivos ou individuais da categoria, inclusive em questões judiciais ou administrativas;
IV – a assembleia geral fixará a contribuição que, em se tratando de categoria profissional, será descontada em folha, para custeio do sistema confederativo da representação sindical respectiva, independentemente da contribuição prevista em lei;
V – ninguém será obrigado a filiar-se ou a manter-se filiado a sindicato;
VI – é obrigatória a participação dos sindicatos nas negociações coletivas de trabalho;
VII – o aposentado filiado em direito a votar e ser votado nas organizações sindicais;
VIII – é vedada a dispensa do empregado sindicalizado a partir do registro da candidatura a cargo de direção ou representação sindical e, se eleito, ainda que suplente, até um ano após o final do mandato, salvo se cometer falta grave nos termos da lei.
Parágrafo único. As disposições deste artigo aplicam-se à organização de sindicatos rurais e de colônias de pescadores, atendidas as condições que a lei estabelecer.

Como se vê, a organização sindical deve dar-se por categorias, sendo estas a econômica (empregador) e a profissional (empregados).
Outros traços importantes do artigo supra são a liberdade sindical, a unicidade sindical, a competência dos sindicatos (inciso III), a cobrança de con-

tribuição confederativa, a liberdade de filiação a sindicato, a obrigatoriedade dos sindicatos na participação nas negociações coletivas e a estabilidade no emprego do dirigente sindical.

A criação de sindicatos é livre, cabendo apenas ao Ministério do Trabalho a competência para registro, somente para verificar se há mais de um sindicato por categoria na mesma base territorial, uma vez que a unicidade está prevista na Constituição Federal.

Federações e confederações

São entidades sindicais de grau superior, conforme reza o art. 533 da CLT: "Art. 533. Constituem associações sindicais de grau superior as federações e confederações organizadas nos termos desta Lei".

As federações são organizadas nos estados da União, bastando para sua constituição cinco sindicatos, no mínimo, de categorias idênticas, similares ou conexas (art. 534 da CLT).

Para a organização de uma confederação que terá sede na Capital da República são necessárias, no mínimo, três federações (art. 535 da CLT).

As centrais sindicais, que antes não tinham reconhecimento legal, obtiveram este a partir da edição da Lei n. 11.648, de 31 de março de 2008, que estabelece assim em seus arts. 1º e 2º:

Art. 1º A central sindical, entidade de representação geral dos trabalhadores, constituída em âmbito nacional, terá as seguintes atribuições e prerrogativas:
I – coordenar a representação dos trabalhadores por meio das organizações sindicais a ela filiadas; e
II – participar de negociações em fóruns, colegiados de órgãos públicos e demais espaços de diálogo social que possuam composição tripartite, nos quais estejam em discussão assuntos de interesse geral dos trabalhadores.
Parágrafo único. Considera-se central sindical, para os efeitos do disposto nesta Lei, a entidade associativa de direito privado composta por organizações sindicais de trabalhadores.
Art. 2º Para o exercício das atribuições e prerrogativas a que se refere o inciso II do *caput* do art. 1º desta Lei, a central sindical deverá cumprir os seguintes requisitos:
I – filiação de, no mínimo, 100 (cem) sindicatos distribuídos nas 5 (cinco) regiões do País;
II – filiação em pelo menos 3 (três) regiões do País de, no mínimo, 20 (vinte) sindicatos em cada uma;

III – filiação de sindicatos em, no mínimo, 5 (cinco) setores de atividade econômica; e

IV – filiação de sindicatos que representem, no mínimo, 7% (sete por cento) do total de empregados sindicalizados em âmbito nacional.

Parágrafo único. O índice previsto no inciso IV do *caput* deste artigo será de 5% (cinco por cento) do total de empregados sindicalizados em âmbito nacional no período de 24 (vinte e quatro) meses a contar da publicação desta Lei.

As centrais sindicais também ganharam com a nova lei na parte da contribuição sindical, fixando-se esta em 10% do valor arrecadado.

Aliás, as percentagens para as entidades sindicais ficaram assim distribuídas:

Art. 5º Os arts. 589, 590, 591 e 593 da Consolidação das Leis do Trabalho – CLT, aprovada pelo Decreto-lei n. 5.452, de 1º de maio de 1943, passam a vigorar com a seguinte redação:

"Art. 589. ....

I – para os empregadores:

a) 5% (cinco por cento) para a confederação correspondente;

b) 15% (quinze por cento) para a federação;

c) 60% (sessenta por cento) para o sindicato respectivo; e

d) 20% (vinte por cento) para a 'Conta Especial Emprego e Salário';

II – para os trabalhadores:

a) 5% (cinco por cento) para a confederação correspondente;

b) 10% (dez por cento) para a central sindical;

c) 15% (quinze por cento) para a federação;

d) 60% (sessenta por cento) para o sindicato respectivo; e

e) 10% (dez por cento) para a 'Conta Especial Emprego e Salário';

III – (*revogado*);

IV – (*revogado*).

§ 1º O sindicato de trabalhadores indicará ao Ministério do Trabalho e Emprego a central sindical a que estiver filiado como beneficiária da respectiva contribuição sindical, para fins de destinação dos créditos previstos neste artigo.

§ 2º A central sindical a que se refere a alínea *b* do inciso II do *caput* deste artigo deverá atender aos requisitos de representatividade previstos na legislação específica sobre a matéria".

Funções do sindicato

Os sindicatos têm as funções de representação negocial, econômica, assistencial e financeira.

A função de representação está prevista no art. 513, *a*, da CLT:

> Art. 513. São prerrogativas dos Sindicatos:
> *a)* representar, perante as autoridades administrativas e judiciárias, os interesses gerais da respectiva categoria ou profissão liberal ou os interesses individuais dos associados relativos à atividade ou profissão exercida.

Como visto, a função de representação está prevista na Constituição Federal (art. 8º, III).

A função negocial é exercida pelos sindicatos quando esses atuam nas convenções e nos acordos coletivos de trabalho (art. 513, *b*, da CLT e art. 8º, VI, da CF).

A função econômica não é permitida pela legislação brasileira, conforme os termos do art. 564 da CLT, o qual continua em vigor, não obstante alguns autores entenderem estar tal norma consolidada revogada pela Constituição Federal, o que não é nosso entendimento.

A função política também é vedada pela legislação brasileira (art. 521, *d*, da CLT). Aqui, da mesma forma que na função negocial, não há qualquer inconstitucionalidade da norma consolidada.

Quanto à função assistencial, a previsão legal está contida no art. 514, *d*, da CLT:

> Art. 514. São deveres dos Sindicatos:
> [...]
> *d)* sempre que possível, e de acordo com as suas possibilidades, manter no seu Quadro de Pessoal, em convênio com entidades assistenciais ou por conta própria, um assistente social com as atribuições específicas de promover a cooperação operacional na empresa e a integração profissional na Classe.

Receitas dos sindicatos

Basicamente, os sindicatos auferem receitas através da contribuição sindical, da contribuição confederativa, da contribuição assistencial e das mensalidades dos sócios.

A contribuição sindical está prevista no art. 8º, IV, da Constituição Federal:

> Art. 8º É livre a associação profissional ou sindical, observando o seguinte:
> [...]
> IV – a assembleia geral fixará a contribuição que, em se tratando de categoria profissional, será descontada em folha, para custeio do sistema confederativo da representação sindical respectiva, independentemente da contribuição prevista em lei.

Antigamente, era a referida contribuição denominada imposto sindical, nomenclatura que vigeu até 1966. Trata-se de tributo, tal como definido nas leis fiscais.

A Reforma Trabalhista de 2017 aboliu a obrigatoriedade dessa contribuição que era obrigatória desde sua criação.

Assim está previsto na CLT:

> Art. 578. As contribuições devidas aos sindicatos pelos participantes das categorias econômicas ou profissionais ou das profissões liberais representadas pelas referidas entidades serão, sob a denominação de contribuição sindical, pagas, recolhidas e aplicadas na forma estabelecida neste Capítulo, desde que prévia e expressamente autorizadas.

Vê-se, portanto, que a contribuição sindical só poderá ser exigida quando previamente autorizada pelo trabalhador, e de forma expressa, ou seja, não poderá sequer tacitamente concordar. Após a lei da reforma entrar em vigor (Lei n. 13.467/2017), muitos sindicatos passaram a fazer assembleias para que se discutisse a aprovação da contribuição. Como não existe no Brasil o costume de os trabalhadores participarem da atividade sindical, somente compareciam aqueles que gostam dessa participação, e as cobranças eram autorizadas.

A Justiça entendeu que essas autorizações tácitas não valiam, pois a lei diz claramente que a concordância tem de ser expressa. Com isso, os sindicatos perderam bilhões de reais que entravam em seus cofres anualmente sem qualquer esforço de parte de seus dirigentes, estando enfraquecido o movimento sindical no Brasil.

Por outro lado, a culpa por esse enfraquecimento é dos próprios sindicatos que não se mobilizaram para demonstrar à classe trabalhadora a importância do sindicalismo para as relações de trabalho. Era fácil receber anualmente fortunas sem ter de fazer qualquer trabalho de conscientização.

A contribuição confederativa também é prevista no inciso I do art. 8º da Constituição Federal. Trata-se de uma obrigação facultativa, não havendo nenhum dispositivo legal que determine sua cobrança, inexistindo qualquer sanção prevista para o seu inadimplemento.

Já a contribuição assistencial tem seu fundamento legal no art. 513, *e*, da CLT: "Art. 513. São prerrogativas dos Sindicatos: [...] *e)* impor contribuições a todos aqueles que participam das categorias econômicas ou profissionais ou das profissões liberais representadas".

É também denominada taxa assistencial, taxa de reversão ou contribuição de solidariedade. É comum sua instituição nas sentenças normativas, acordos e convenções coletivas, tendo por finalidade custear as atividades essenciais dos sindicatos, uma vez a participação destes em negociações coletivas.

Quanto às mensalidades dos sócios, essas são devidas apenas pelos trabalhadores associados ao sindicato. Com tal pagamento, esses trabalhadores poderão usufruir de atendimento jurídico, médico, dentário, colônia de férias etc.

Convenções e acordos coletivos de trabalho

A convenção coletiva vem prevista no art. 611 da CLT:

> Art. 611. Convenção Coletiva de Trabalho é o acordo de caráter normativo, pelo qual dois ou mais sindicatos representativos de categorias econômicas e profissionais estipulam condições de trabalho aplicáveis, no âmbito das respectivas representações, às relações individuais de trabalho.

Os acordos coletivos vêm previstos no § 1º do mesmo artigo:

> § 1º É facultado aos sindicatos representativos de categorias profissionais celebrar Acordos Coletivos com uma ou mais empresas da correspondente categoria econômica, que estipulem condições de trabalho, aplicáveis no âmbito da empresa ou das empresas acordantes às respectivas relações de trabalho.

Portanto, por meio das convenções e dos acordos coletivos são estipuladas condições de trabalho que serão aplicadas aos contratos individuais de trabalho, como se vê pela leitura da lei supra; a diferença entre ambos os institutos reside no fato de que no acordo coletivo figura uma ou mais empresas e o sindicato profissional, enquanto na convenção coletiva figuram os dois sindicatos (categoria econômica e profissional).

Tanto as convenções coletivas como os acordos coletivos estipulam regras jurídicas e cláusulas contratuais, ou seja, dispositivos normativos e dispositivos obrigacionais.

As regras jurídicas são as que geram direitos e obrigações que integrarão os contratos individuais de trabalho. São exemplos os percentuais de horas extras ou de adicional noturno superiores aos previstos em lei, pisos salariais etc.

As cláusulas contratuais são aquelas que criam direitos e obrigações para as partes que celebram a convenção ou o acordo, ou seja, os sindicatos envolvidos (convenções), e sindicato(s) e empresa(s) (acordos coletivos). Um exemplo seria o de um acordo coletivo em que se estipula que a empresa terá de entregar os nomes e endereços de seus empregados.

Tanto a convenção como o acordo têm forma de instrumentos formais, solenes, sendo escritos como um contrato com cláusulas e parágrafos.

Ambos os institutos têm vigência três dias após o depósito do mesmo no órgão regional do Ministério do Trabalho, conforme dispõe o art. 614 da CLT:

> Art. 614. Os Sindicatos convenentes ou as empresas acordantes promoverão, conjunta ou separadamente, dentro de 8 (oito) dias da assinatura da Convenção ou Acordo, o depósito de uma via do mesmo, para fins de registro e arquivo, no Departamento Nacional do Trabalho, em se tratando de instrumento de caráter nacional ou interestadual, ou nos órgãos regionais do Ministério do Trabalho e Previdência Social, nos demais casos.
>
> § 1º As Convenções e os Acordos entrarão em vigor 3 (três) dias após a data da entrega dos mesmos no órgão referido neste artigo.

Uma convenção ou um acordo coletivo não pode ser estipulado por prazo superior a dois anos, sendo que na prática tais instrumentos são estipulados por um ano (art. 614, § 3º, da CLT): "§ 3º Não será permitido estipular duração de convenção coletiva ou acordo coletivo de trabalho superior a dois anos, sendo vedada a ultratividade".

Negociado sobre o legislado

A Lei n. 13.467/2017 trouxe a figura da prevalência do negociado entre os sindicatos sobre o previsto na legislação.

Isso não quer dizer, como muitos erroneamente pensam, que normas coletivas poderão reduzir todos os direitos trabalhistas.

O legislador reformista trouxe quais são os direitos que poderão ser negociados, bem como os que não poderão.

Estão eles previstos nos artigos da CLT a seguir transcritos:

Art. 611-A. A convenção coletiva e o acordo coletivo de trabalho têm prevalência sobre a lei quando, entre outros, dispuserem sobre:

I – pacto quanto à jornada de trabalho, observados os limites constitucionais;

II – banco de horas anual;

III – intervalo intrajornada, respeitado o limite mínimo de trinta minutos para jornadas superiores a seis horas;

IV – adesão ao Programa Seguro-Emprego (PSE), de que trata a Lei n.13.189, de 19 de novembro de 2015;

V – plano de cargos, salários e funções compatíveis com a condição pessoal do empregado, bem como identificação dos cargos que se enquadram como funções de confiança;

VI – regulamento empresarial;

VII – representante dos trabalhadores no local de trabalho;

VIII – teletrabalho, regime de sobreaviso, e trabalho intermitente;

IX – remuneração por produtividade, incluídas as gorjetas percebidas pelo empregado, e remuneração por desempenho individual;

X – modalidade de registro de jornada de trabalho;

XI – troca do dia de feriado;

XII – enquadramento do grau de insalubridade;

XIII – prorrogação de jornada em ambientes insalubres, sem licença prévia das autoridades competentes do Ministério do Trabalho;

XIV – prêmios de incentivo em bens ou serviços, eventualmente concedidos em programas de incentivo;

XV – participação nos lucros ou resultados da empresa.

§ 1º No exame da convenção coletiva ou do acordo coletivo de trabalho, a Justiça do Trabalho observará o disposto no § 3º do art. 8º desta Consolidação.

§ 2º A inexistência de expressa indicação de contrapartidas recíprocas em convenção coletiva ou acordo coletivo de trabalho não ensejará sua nulidade por não caracterizar um vício do negócio jurídico.

§ 3º Se for pactuada cláusula que reduza o salário ou a jornada, a convenção coletiva ou o acordo coletivo de trabalho deverão prever a proteção dos empregados contra dispensa imotivada durante o prazo de vigência do instrumento coletivo.

§ 4º Na hipótese de procedência de ação anulatória de cláusula de convenção coletiva ou de acordo coletivo de trabalho, quando houver a cláusula compensatória, esta deverá ser igualmente anulada, sem repetição do indébito.

§ 5º Os sindicatos subscritores de convenção coletiva ou de acordo coletivo de trabalho deverão participar, como litisconsortes necessários, em ação individual ou coletiva, que tenha como objeto a anulação de cláusulas desses instrumentos.

Art. 611-B. Constituem objeto ilícito de convenção coletiva ou de acordo coletivo de trabalho, exclusivamente, a supressão ou a redução dos seguintes direitos:

I – normas de identificação profissional, inclusive as anotações na Carteira de Trabalho e Previdência Social;

II – seguro-desemprego, em caso de desemprego involuntário;

III – valor dos depósitos mensais e da indenização rescisória do Fundo de Garantia do Tempo de Serviço (FGTS);

IV – salário mínimo;

V – valor nominal do décimo terceiro salário;

VI – remuneração do trabalho noturno superior à do diurno;

VII – proteção do salário na forma da lei, constituindo crime sua retenção dolosa;

VIII – salário-família;

IX – repouso semanal remunerado;

X – remuneração do serviço extraordinário superior, no mínimo, em 50% (cinquenta por cento) à do normal;

XI – número de dias de férias devidas ao empregado;

XII – gozo de férias anuais remuneradas com, pelo menos, um terço a mais do que o salário normal;

XIII – licença-maternidade com a duração mínima de cento e vinte dias;

XIV – licença-paternidade nos termos fixados em lei;

XV – proteção do mercado de trabalho da mulher, mediante incentivos específicos, nos termos da lei;

XVI – aviso prévio proporcional ao tempo de serviço, sendo no mínimo de trinta dias, nos termos da lei;

XVII – normas de saúde, higiene e segurança do trabalho previstas em lei ou em normas regulamentadoras do Ministério do Trabalho;

XVIII – adicional de remuneração para as atividades penosas, insalubres ou perigosas;

XIX – aposentadoria;

XX – seguro contra acidentes de trabalho, a cargo do empregador;

XXI – ação, quanto aos créditos resultantes das relações de trabalho, com prazo prescricional de cinco anos para os trabalhadores urbanos e rurais, até o limite de dois anos após a extinção do contrato de trabalho;

XXII – proibição de qualquer discriminação no tocante a salário e critérios de admissão do trabalhador com deficiência;

XXIII – proibição de trabalho noturno, perigoso ou insalubre a menores de dezoito anos e de qualquer trabalho a menores de dezesseis anos, salvo na condição de aprendiz, a partir de quatorze anos;

XXIV – medidas de proteção legal de crianças e adolescentes;

XXV – igualdade de direitos entre o trabalhador com vínculo empregatício permanente e o trabalhador avulso;

XXVI – liberdade de associação profissional ou sindical do trabalhador, inclusive o direito de não sofrer, sem sua expressa e prévia anuência, qualquer cobrança ou desconto salarial estabelecidos em convenção coletiva ou acordo coletivo de trabalho;

XXVII – direito de greve, competindo aos trabalhadores decidir sobre a oportunidade de exercê-lo e sobre os interesses que devam por meio dele defender;

XXVIII – definição legal sobre os serviços ou atividades essenciais e disposições legais sobre o atendimento das necessidades inadiáveis da comunidade em caso de greve;

XXIX – tributos e outros créditos de terceiros;

XXX – as disposições previstas nos arts. 373-A, 390, 392, 392-A, 394, 394-A, 395, 396 e 400 desta Consolidação.

Parágrafo único. Regras sobre duração do trabalho e intervalos não são consideradas como normas de saúde, higiene e segurança do trabalho para os fins do disposto neste artigo.

Resta claro que os direitos fundamentais do trabalhador não poderão sofrer qualquer redução por via de normas coletivas, ou seja, não existe nenhum desmonte do arcabouço protetor do direito do trabalho como muitos ainda insistem em propagar essa inverdade, gerando medo infundado nos trabalhadores brasileiros.

CAPÍTULO 20

Direito de greve

ASPECTOS GERAIS DA GREVE

A greve é um dos temas mais empolgantes do direito do trabalho. Por ele se interessam não só estudiosos e profissionais, bem como os leigos, enquanto empregados e empregadores.

A greve, a bem da verdade, é tema tratado não só pelos juristas, mas também pelos sociólogos.

Tratando da estrutura do direito de greve, F. Santoro Passarelli, eminente professor da Universidade de Roma, afirma:

> A greve deve ser considerada um ato coletivo, na sua deliberação, não necessariamente na sua extensão, podendo considerar-se greve a abstenção, no caso-limite, de um só empregado, desde que aceita por um grupo de trabalhadores e com o fim de preservar o interesse do grupo. A respeito do acordo sobre a greve, reserva-se a cada obreiro um direito subjetivo de participar da mesma.
>
> Dessa análise resulta a natureza do direito da greve. Quanto ao conteúdo, é um direito potestativo, pois que está no poder do titular de modificar, com a sua vontade e com o simples exercício de seu direito, a situação jurídica da qual faz parte um outro sujeito: o empregador, que sucumbe às consequências do exercício do direito da greve. No que diz respeito ao interesse tutelado, podem reconhecer-se, no direito de grave, pontos análogos àqueles que caracterizam o direito subjetivo público. Como o direito subjetivo público é atribuído ao privado para tutela de um interesse geral, do qual ele participa, assim o direito de greve pode considerar-se atribuído ao indi-

víduo para tutela de um interesse coletivo, do qual ele participa, e pode, por isso, definir-se analogamente, no sentido ora esclarecido, a um direito subjetivo coletivo. A proclamação da greve é condição do direito do indivíduo de entrar em greve. Da mesma, não pode surgir uma obrigação de entrar em greve. Garante-se a liberdade do trabalho. Mas, também, porque a participação na greve é outorgada pela Constituição à determinação discricionária de cada um daqueles a quem a proclamação se refere, ao se assegurar aquele poder pessoal de vontade, consagra-se o direito subjetivo de greve. (Noções de direito do trabalho, *Revista dos Tribunais*, 1973, p. 37).

Evolução histórica da greve

Alguns autores afirmam que a fuga do povo hebreu do Egito narrada na Bíblia seria a mais antiga notícia de uma greve. Exagero ou não, o parar de trabalhar sempre foi um instrumento utilizado por trabalhadores para pressionar patrões para conseguirem alguma melhoria nas condições de trabalho, mesmo tratando-se de trabalho escravo. Spartacus, em 71 a.C., em Cápua, é um exemplo.

A greve aparece com mais intensidade com a Revolução Industrial. Nesse período os trabalhadores passaram a tomar atitudes não só de paralisação de atividades, mas também de destruição, sendo que no campo colocavam fogo nas plantações e nas cidades destruíam fábricas e máquinas.

As greves foram mais intensas na França, na Itália, na Inglaterra e nos Estados Unidos.

A palavra greve deriva de *Grève* (francês), que faz alusão a uma praça em Paris onde os sem trabalho se reuniam, sendo essa praça de chão de cascalhos, daí o termo *grève*. Nesse local, com o passar do tempo, não só os sem trabalho, mas aqueles que tinham trabalhos esporádicos, reuniam-se para discutir assuntos relativos à melhora de pagamentos e condições de trabalho. Quando se necessitava de um trabalhador, era a essa praça que os interessados se dirigiam para encontrá-los.

Logo, quando não queriam trabalhar, eles eram encontrados na *grève*...

A língua portuguesa adotou o vocábulo "greve" para designar a paralisação de trabalho. Em espanhol, diz-se *huelga*; em italiano, *sciopero* e, em inglês, *strike*.

A greve, do ponto jurídico histórico-jurídico, passou a ser reconhecida como um direito.

O Código Penal francês de 1810 tinha a greve como crime, o que perdurou até 1864, quando deixa de ser tipificada como delito.

GREVE NO DIREITO BRASILEIRO

O direito de greve é reconhecido pela Constituição Federal em seu art. 9º, que diz:

> Art. 9º É assegurado o direito de greve, competindo aos trabalhadores decidir sobre a oportunidade de exercê-lo e sobre os interesses que devam por meio dele defender.
> § 1º A lei definirá os serviços ou atividades essenciais e disporá sobre o atendimento das necessidades inadiáveis da comunidade.
> § 2º Os abusos cometidos sujeitam os responsáveis às penas da lei.

Em nível infraconstitucional, o direito de greve é regulado pela Lei n. 7.783, de 28.06.1989, a qual diz em sua ementa: "Dispõe sobre o exercício do direito de greve, define as atividades essenciais, regula o atendimento das necessidades inadiáveis da comunidade, e dá outras providências".

Segundo a lei, considera-se legítimo exercício do direito de greve a suspensão coletiva, temporária e pacífica total ou parcial, de prestação de serviços a empregador (art. 2º).

Para entrar em greve, devem os empregados comunicar aos empregadores diretamente interessados, com 48 horas de antecedência, a paralisação.

A lei assegura aos grevistas, em seu art. 6º, os seguintes direitos:

> São assegurados aos grevistas, dentre outros direitos:
> I – o emprego de meios pacíficos tendentes a persuadir ou aliciar os trabalhadores a aderirem a greve;
> II – a arrecadação de fundos e a livre divulgação do movimento.
> § 1º Em nenhuma hipótese, os meios adotados por empregados e empregadores poderão violar ou constranger os direitos e garantias fundamentais de outrem.
> § 2º É vedado às empresas adotar meios para constranger o empregado ao comparecimento ao trabalho, bem como capazes de frustrar a divulgação do movimento.
> § 3º As manifestações e atos de persuasão utilizados pelos grevistas não poderão impedir o acesso ao trabalho nem causar ameaça ou dano à propriedade ou pessoa.

A participação em greve suspende o contrato de trabalho, devendo as relações obrigacionais durante o período ser regidas pelo acordo, convenção, laudo arbitral ou decisão da Justiça do Trabalho. É proibida a rescisão de contrato de trabalho durante a greve, bem como a contratação de trabalhadores substitutos, salvo para manter a prestação dos serviços essenciais, ou no caso do abuso do direito de greve.

À Justiça do Trabalho compete decidir sobre a procedência, total ou parcial, ou improcedência das reivindicações.

Quanto aos serviços ou atividades essenciais, são considerados:

I – tratamento e abastecimento de água; produção e distribuição de energia elétrica, gás e combustível;
II – assistência médica e hospitalar;
III – distribuição e comercialização de medicamentos e alimentos;
IV – funerários;
V – transporte coletivo;
VI – captação e tratamento de esgoto e lixo;
VII – telecomunicações;
VIII – guarda, uso e controle de substâncias radioativas, equipamentos e materiais nucleares;
IX – processamento de dados ligados a serviços essenciais;
X – controle de tráfego aéreo;
XI – compensação bancária.

Nos serviços ou atividades essenciais, os sindicatos, os empregadores e os trabalhadores ficam obrigados a garantir, durante a greve, a prestação dos serviços indispensáveis ao atendimento das necessidades inadiáveis da comunidade. Por necessidades inadiáveis, entende-se como sendo aquelas que, se não atendidas, coloquem em perigo iminente a sobrevivência, a saúde ou a segurança da população.

No caso de não atendimento às necessidades inadiáveis da comunidade por parte das entidades sindicais ou pelos patrões e empregados, o poder público deverá assegurar a prestação dos serviços indispensáveis.

LOCAUTE

Da palavra inglesa *lockout*, identifica a paralisação das atividades por iniciativa do empregador. Tal atitude é proibida pela lei (art. 17 da Lei n. 7.783/89).

GREVE NO SERVIÇO PÚBLICO

A Constituição de 1988 inovou e autorizou a greve nos serviços públicos:

> Art. 37. A administração pública direta e indireta de qualquer dos Poderes da União, dos Estados, do Distrito Federal e dos Municípios obedecerá aos princípios de legalidade, impessoalidade, moralidade, publicidade e eficiência e, também, ao seguinte:
> [...]
> VII – o direito de greve será exercido nos termos e nos limites definidos em lei específica;

Ocorre que não temos, ainda, mesmo depois de mais de trinta anos, uma lei que trate da greve nos serviços públicos.

O Supremo Tribunal Federal decidiu, enquanto não for editada a lei de que trata a norma constitucional, que deve ser aplicada a Lei n. 7.783/89 (RE n. 693.456).

CAPÍTULO 21

Justiça do Trabalho

CARACTERÍSTICAS DA JUSTIÇA DO TRABALHO

A Justiça do Trabalho no Brasil foi criada em 1939, com a edição do Decreto-lei n. 1.237. Inicialmente a Justiça do Trabalho era composta pelo Conselho Nacional do Trabalho, Conselhos Regionais do Trabalho e Juntas de Conciliação e Julgamento.

Hoje, a Justiça do Trabalho é formada pelo Tribunal Superior do Trabalho, Tribunais Regionais do Trabalho e Juízes do Trabalho.

A Emenda Constitucional n. 24 extinguiu a representação classista e, ainda, deu aos órgãos de primeira instância da Justiça do Trabalho a denominação de Varas do Trabalho, no lugar de Juntas de Conciliação e Julgamento.

Portanto, não existem mais na Justiça do Trabalho os juízes classistas, sendo composta apenas por juízes togados, ou seja, os que têm formação superior em Direito.

Os juízes classistas eram indicados pelos sindicatos, tanto dos empregados como dos empregadores, sempre em igualdade; havia, portanto, uma representação paritária.

COMPETÊNCIA DA JUSTIÇA DO TRABALHO

Segundo os dizeres do art. 114 da Constituição Federal (redação dada pela Emenda Constitucional n. 45/2004), compete à Justiça do Trabalho processar e julgar:

I – as ações oriundas da relação de trabalho, abrangidos os entes de direito público externo e da administração pública direta e indireta da União, dos Estados, do Distrito Federal e dos Municípios;
II – as ações que envolvam exercício do direito de greve;
III – as ações sobre representação sindical, entre sindicatos, entre sindicatos e trabalhadores, e entre sindicatos e empregadores;
IV – os mandados de segurança, *habeas corpus* e *habeas data*, quando o ato questionado envolver matéria sujeita à sua jurisdição;
V – os conflitos de competência entre órgãos com jurisdição trabalhista, ressalvado o disposto no art. 102, I, *o*;
VI – as ações de indenização por dano moral ou patrimonial, decorrentes da relação de trabalho;
VII – as ações relativas às penalidades administrativas impostas aos empregadores pelos órgãos de fiscalização das relações de trabalho;
VIII – a execução, de ofício, das contribuições sociais previstas no art. 195, I, *a*, e II, e seus acréscimos legais, decorrentes das sentenças que proferir;
IX – outras controvérsias decorrentes da relação de trabalho, na forma da lei.
§ 1º Frustrada a negociação coletiva, as partes poderão eleger árbitros.
§ 2º Recusando-se qualquer das partes à negociação coletiva ou à arbitragem, é facultado às mesmas, de comum acordo, ajuizar dissídio coletivo de natureza econômica, podendo a Justiça do Trabalho decidir o conflito, respeitadas as disposições mínimas legais de proteção ao trabalho, bem como as convencionadas anteriormente.
§ 3º Em caso de greve em atividade essencial, com possibilidade de lesão do interesse público, o Ministério Público do Trabalho poderá ajuizar dissídio coletivo, competindo à Justiça do Trabalho decidir o conflito.

Portanto, a Justiça do Trabalho tem, em razão da Emenda Constitucional n. 45, competência para conhecer e julgar ações decorrentes da relação de trabalho, e não só a de emprego, como era antes.

ORGANIZAÇÃO DA JUSTIÇA DO TRABALHO

Compõem a Justiça do Trabalho:
I – Tribunal Superior do Trabalho;
II – Tribunais Regionais do Trabalho;
III – Juízes do Trabalho.

Tribunal Superior do Trabalho

Trata-se do mais alto Tribunal trabalhista, já que o Supremo Tribunal Federal é órgão jurisdicional que só é chamado a se pronunciar em matéria de direito do trabalho quando há ofensa à Constituição da República.

O TST é composto de 27 ministros, escolhidos entre juízes dos Tribunais Regionais do Trabalho e dentre advogados (quinto constitucional) membros do Ministério Público do Trabalho (quinto constitucional).

O quinto constitucional está previsto no art. 94 da Constituição da República:

> Art. 94. Um quinto dos lugares dos Tribunais Regionais Federais, dos Tribunais dos Estados, e do Distrito Federal e Territórios será composto de membros, do Ministério Público, com mais de dez anos de carreira, e de advogados de notório saber jurídico e de reputação ilibada, com mais de dez anos de efetiva atividade profissional, indicados em lista sêxtupla pelos órgãos de representação das respectivas classes.

Portanto, advogados e membros do Ministério Público não prestam concurso para a magistratura e ingressam nos tribunais por indicação de seus pares.

O TST tem jurisdição sobre todo o território nacional, sendo sediado na Capital da República.

Tribunais Regionais do Trabalho

A Constituição da República determina, no art. 112, que deverá existir pelo menos um TRT por estado da Federação.

Por enquanto temos 24 Tribunais Regionais do Trabalho. São eles:

- 1ª Região: Estado do Rio de Janeiro;
- 2ª Região: Estado de São Paulo;
- 3ª Região: Estado de Minas Gerais;
- 4ª Região: Estado do Rio Grande do Sul;
- 5ª Região: Estado da Bahia;
- 6ª Região: Estado de Pernambuco;
- 7ªRegião: Estado do Ceará;
- 8ª Região: Estados do Pará e Amapá;
- 9ª Região: Estado do Paraná;
- 10ª Região: Distrito Federal e Tocantins;

- 11ª Região: Estados de Amazonas e Roraima;
- 12ª Região: Estado de Santa Catarina;
- 13ª Região: Estado da Paraíba;
- 14ª Região: Estados de Rondônia e Acre;
- 15ª Região: Estado de São Paulo (área não abrangida pela jurisdição estabelecida na 2ª Região);
- 16ª Região: Estado do Maranhão;
- 17ª Região: Estado do Espírito Santo;
- 18ª Região: Estado de Goiás;
- 19ª Região: Estado de Alagoas;
- 20ª Região: Estado de Sergipe;
- 21ª Região: Estado do Rio Grande do Norte;
- 22ª Região: Estado do Piauí;
- 23ª Região: Estado do Mato Grosso;
- 24ª Região: Estado do Mato Grosso do Sul.

Cada Tribunal é composto, no mínimo, por oito juízes, que recebem a denominação de desembargadores federais do trabalho.

Juízes do trabalho

Como já foi visto, as Varas do Trabalho são compostas apenas por um juiz togado, não existindo mais a figura do juiz classista.

Os juízes do trabalho ingressam na carreira por meio de concurso de provas e títulos, sendo o cargo inicial o de Juiz do Trabalho Substituto.

PROCESSO TRABALHISTA

No processo civil, quem move a ação recebe a denominação de autor, e quem a sofre denomina-se réu. No processo do trabalho, a ação denomina-se reclamação trabalhista, seu autor é o reclamante, e quem a sofre é a reclamada.

Uma reclamação trabalhista é ajuizada perante as varas do trabalho.

Recebida a reclamação são designados dia e hora para a realização de audiência. A reclamada é notificada para comparecer à referida audiência. Diz a CLT, nos arts. 843 e seguintes, que a audiência será una, isto é, que todos os atos visando à solução do litígio se realizarão em um único dia.

Em algumas varas é prática que seja designada uma primeira audiência, que se convencionou chamar *audiência inicial*, na qual simplesmente tenta-

-se um acordo, sendo que na não ocorrência deste recebe-se a defesa da reclamada e designa-se outra data para a continuação do ato. Essa nova audiência recebe o nome de *instrução*.

Na audiência de instrução as partes deverão fazer prova de suas alegações.

A reclamada pode fazer-se representar por um preposto, que poderá ser qualquer pessoa, tendo sido sepultado o entendimento do Tribunal Superior do Trabalho no sentido de que preposto deveria ser empregado, com a Lei n. 13.467/2017, que assim afirma o art. 843, § 3º, da CLT: "§ 3º O preposto a que se refere o § 1º deste artigo não precisa ser empregado da parte reclamada".

Quanto às provas, no processo trabalhista a testemunhal é muito utilizada.

A ordem dos acontecimentos numa audiência de instrução é a seguinte:
- 1º Toma-se o depoimento do reclamante.
- 2º Toma-se o depoimento da reclamada.
- 3º Tomam-se os depoimentos das testemunhas (primeiro as do reclamante).

Cada uma das partes não poderá ouvir mais de três testemunhas.

Após a coleta de provas, é encerrada a instrução processual, sendo designada nova audiência para que seja proferida a decisão. Na prática, os advogados recebem uma cópia dessa decisão (sentença) por via postal, salvo se for determinado o comparecimento para tomar ciência da mesma. Essa terceira audiência recebe o nome de *audiência de julgamento*.

RECURSOS

A parte vencida na reclamação poderá recorrer da sentença. O recurso é uma manifestação de inconformismo inerente a todo ser humano. Desde a infância, o homem não se conforma com uma decisão negativa proferida por alguém que tenha poder sobre si. Quando o pai proíbe o filho de jogar futebol, esse *recorre* para a mãe e, às vezes, para os avós.

Das decisões das varas do trabalho, pode-se interpor recurso ordinário para o TRT.

O prazo para a interposição do recurso é de oito dias, contado da data em que a parte tomou conhecimento da sentença.

Para recorrer, a parte vencida deverá recolher as custas do processo. No caso da reclamada, além desse pagamento, deverá efetuar um depósito referente à condenação, para garantia da execução, valor limitado a um teto divulgado anualmente pelo TST.

O recurso é interposto por petição, contendo as razões do recorrente.

Em igual prazo de oito dias, a outra parte pode oferecer contrarrazões de recurso.

Julgado o recurso ordinário no TRT, a parte vencida poderá interpor recurso de revista para o TST. Este é um recurso extraordinário que só pode ser interposto quando houver o preenchimento dos requisitos do art. 896 da CLT, o qual prevê:

> Art. 896. Cabe Recurso de Revista para Turma do Tribunal Superior do Trabalho das decisões proferidas em grau de recurso ordinário, em dissídio individual, pelos Tribunais Regionais do Trabalho, quando:
> *a)* derem ao mesmo dispositivo de lei federal interpretação diversa da que lhe houver dado outro Tribunal Regional do Trabalho, no seu Pleno ou Turma, ou a Seção de Dissídios Individuais do Tribunal Superior do Trabalho, ou contrariarem súmula de jurisprudência uniforme dessa Corte ou súmula vinculante do Supremo Tribunal Federal;
> *b)* derem ao mesmo dispositivo de lei estadual, Convenção Coletiva de Trabalho, Acordo Coletivo, sentença normativa ou regulamento empresarial de observância obrigatória em área territorial que exceda a jurisdição do Tribunal Regional prolator da decisão recorrida, interpretação divergente, na forma da alínea *a*;
> *c)* proferidas com violação literal de disposição de lei federal ou afronta direta e literal à Constituição Federal.

Portanto, não são todos os processos que têm a possibilidade de ser analisados pelo TST em grau de recurso de revista, ou seja, às causas em que se discute matéria de fato ou nova análise de provas (ex.: horas extras, vínculo de emprego, equiparação salarial etc.), não se permite tal recurso, pois é um recurso que visa uniformizar a jurisprudência em todo o território nacional.

DA EXECUÇÃO DA SENTENÇA

Esta é a fase em que se dará o cumprimento da sentença.

Durante a fase instrutória, a justiça vai se pronunciar no sentido de dizer quem tem e quem não tem razão.

Exemplificando: o reclamante provou que cumpria horas extras, sendo essas em número de quatro diárias. A sentença não traz o valor dessas horas. Esse só será conhecido na fase de execução.

Primeiramente, então, deve-se proceder à liquidação da sentença, isto é, torná-la líquida, ou seja, com valores expressos em pecúnia.

Tendo um valor expresso em dinheiro, o Juiz mandará expedir o mandado de execução. Este será entregue à reclamada por um oficial de justiça. A reclamada terá 48 horas para pagar o valor determinado que vem constando do mandado que lhe é entregue.

Nesse prazo de 48 horas, o executado (denominação da reclamada nessa face processual) deverá pagar a dívida ou oferecer bens à penhora.

Se resolver pagar a dívida deve o executado dirigir-se à secretaria da vara, e lá solicitar guia de depósito.

Poderá, caso não pague a dívida, oferecer bens à penhora. Essa nomeação de bens pode ser feita ao oficial de justiça, ou por meio de petição nos autos do processo.

Caso o executado não tome nenhuma das iniciativas descritas, o oficial de justiça procederá à penhora de bens para garantia do pagamento, podendo valer-se de força policial caso haja resistência ou procure o executado dificultar a ação da Justiça.

Realizada a penhora, o oficial de justiça lavrará um auto, do qual constará a avaliação dos bens, e dará ciência ao executado, ficando esse como depositário, devendo zelar pela guarda daqueles até que a Justiça determine a quem entregá-los, sob pena de prisão civil de até um ano.

EMBARGOS À EXECUÇÃO

Feita a penhora, tem o executado cinco dias para oferecer defesa, a qual recebe o nome de embargos. Neles o executado só poderá fazer alegações sobre o cumprimento da decisão, isto é, provar que já pagou a dívida, ou que há excesso de penhora, ou, ainda, que os valores dos cálculos apresentados são superiores à condenação.

Esta é uma fase processual relativamente intrincada, não sendo finalidade deste livro descer a minúcias, pois fugiria a sua finalidade. O importante é saber que o executado tem como defender-se caso venham a ocorrer as hipóteses aqui narradas.

ATOS DE ALIENAÇÃO

Julgados os embargos, os bens irão à hasta pública, ou seja, a venda do bem por meio de leilão. Essa é uma venda que o Estado faz para converter o objeto da penhora em dinheiro, entregando o resultado ao exequente (denominação do reclamante na fase de execução).

A hasta é precedida de edital, o qual é publicado no *Diário Oficial*, com antecedência mínima de vinte dias. Em locais onde o *Diário Oficial* não circule, poderá ser feita a publicação em jornal local. Além disso, o edital deverá ser fixado na sede da Vara.

Assim prevê o art. 888, da CLT:

> Art. 888. Concluída a avaliação, dentro de dez dias, contados da data da nomeação do avaliador, seguir-se-á a arrematação, que será anunciada por edital afixado na sede do juízo ou tribunal e publicado no jornal local, se houver, com a antecedência de vinte (20) dias.

O edital trará a descrição dos bens e o dia e hora da praça dos bens.

No dia da praça, o bem será vendido a quem oferecer o maior lanço.

Se o valor da venda for superior ao crédito do exequente, o excesso será entregue ao executado. Caso seja aquém, o oficial de justiça voltará à executada e lá procederá nova penhora de bens. Se o resultado da venda for igual ao crédito do exequente mais as despesas processuais, extingue-se o processo.

ADJUDICAÇÃO E REMIÇÃO

São dois institutos pelos quais as partes no processo podem ficar com o bem arrematado.

A *adjudicação* se dá quando o exequente oferece lance igual ao do arrematante, ficando, pois, com o bem para si. Não obstante, a discussão doutrinária existente quanto à oportunidade para a realização da adjudicação, entendemos que esta deve ser praticada até 24 horas após a realização da praça.

Vejamos o § 1º do art. 888, como se posiciona sobre o tema: "§ 1º A arrematação far-se-á em dia, hora e lugar anunciados e os bens serão vendidos pelo maior lance, tendo o exequente preferência para a adjudicação".

A *remição* é um benefício dado ao executado para que este fique com os bens praceados. Para praticá-la, o devedor deverá pagar toda a dívida, ou seja, o principal, as custas, tudo com a devida correção monetária. É o que determina o art. 13 da Lei n. 5.584/70: "Art 13. Em qualquer hipótese, a remição só será deferível ao executado se este oferecer preço igual ao valor da condenação".

O prazo para a prática desse ato é até o momento da praça, estendendo-se até antes da lavratura da carta de arrematação ou de adjudicação.

Havendo concomitantemente pedidos de adjudicação e remição, esta prefere àquela.

RITO SUMARÍSSIMO

A Lei n. 9.957/2000 criou o *rito sumaríssimo*, pelo qual terão andamento mais rápido as causas que tenham como valor até 40 salários mínimos.

Nessas causas, só poderão ser ouvidas até, no máximo, duas testemunhas para cada parte, as quais serão convidadas pelo próprio interessado; caso elas não compareçam, o juiz poderá mandar intimá-las, mas desde que seja comprovado que realmente foram elas convidadas. Essa comprovação poderá ser feita por meio de uma carta assinada pela própria parte, convidando a testemunha e tendo esta colocado sua assinatura, ou até por telegrama. Atualmente existem juízes que aceitam inclusive *e-mail* ou mensagens instantâneas (como de WhatsApp) a comprovação do convite.

A lei determina que a causa tenha solução em uma única audiência.

Até mesmo o procedimento recursal foi alterado, tendo os recursos procedimentos mais rápidos nos tribunais.

CAPÍTULO 22

Prescrição

CONCEITO

Prescrição é o instituto pelo qual extinguem-se direitos pela perda da ação que os assegurava, em virtude da inércia do credor, durante um certo lapso de tempo.
Pode ser aquisitiva ou extintiva.
Exemplo de prescrição aquisitiva é o usucapião.
A prescrição trabalhista é extintiva e será aqui estudada.

PREVISÃO LEGAL

A Constituição da República trata da prescrição no inciso XXIX do art. 7º: "XXIX – ação, quanto aos créditos resultantes das relações de trabalho, com prazo prescricional de cinco anos para os trabalhadores urbanos e rurais, até o limite de dois anos após a extinção do contrato de trabalho".
E a Consolidação das Leis do Trabalho o faz no art. 11:

> Art. 11. A pretensão quanto a créditos resultantes das relações de trabalho prescreve em cinco anos para os trabalhadores urbanos e rurais, até o limite de dois anos após a extinção do contrato de trabalho.
> I – (revogado)
> II – (revogado)
> § 1º O disposto neste artigo não se aplica às ações que tenham por objeto anotações para fins de prova junto à Previdência Social.

§ 2º Tratando-se de pretensão que envolva pedido de prestações sucessivas decorrente de alteração ou descumprimento do pactuado, a prescrição é total, exceto quando o direito à parcela esteja também assegurado por preceito de lei.

§ 3º A interrupção da prescrição somente ocorrerá pelo ajuizamento de reclamação trabalhista, mesmo que em juízo incompetente, ainda que venha a ser extinta sem resolução do mérito, produzindo efeitos apenas em relação aos pedidos idênticos.

Os dispositivos supra devem ser interpretados assim:
- O empregado pode requerer o pagamento dos últimos 5 anos; extinto o contrato, terá ele 2 anos para cobrar os últimos 5.

Deve-se ter cuidado com combinação dos prazos citados.

Se um empregado foi despedido em 1º de fevereiro de 2013, teria ele até 1º de fevereiro de 2015 para propor a reclamação. Imaginemos que esse empregado trabalhou de 1º de fevereiro de 2008 até a data já mencionada, se ele tivesse ingressado com a reclamação no mesmo dia da rescisão do contrato (01.02.2013), poderia cobrar direitos referentes a todo o período trabalhado. Agora, se ele deixou para propor a reclamação em 01.02.2015, é a partir desta data que será contatado o período prescricional de 5 anos, ou seja, poderá cobrar direitos desde 01.02.2020.

Como se vê, no prazo quinquenal é observada a contagem do dia da propositura da reclamação.

Portanto, quanto mais demorar para propor uma reclamação, pior será para o empregado.

Para melhor visualização, atente-se para a Figura 1.

REQUISITOS DA PRESCRIÇÃO

Justifica-se a prescrição pelo fato de que serve ela para pacificar as relações sociais. Por isso a lei dá ao titular de um direito supostamente lesado um prazo para este exercer seu direito de ação.

São requisitos da prescrição:
- existência de uma ação exercitável;
- inércia do titular da ação pelo seu não exercício;
- continuidade da inércia durante certo lapso de tempo;
- ausência de algum fato ou ato que a suspenda, impeça ou interrompa.

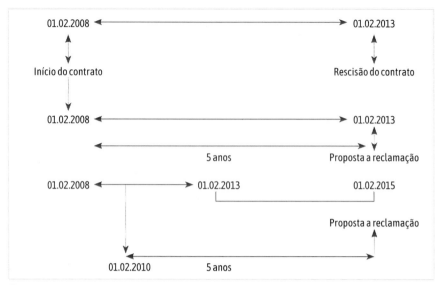

Figura 1

PRESCRIÇÃO INTERCORRENTE

Prescrição intercorrente é aquela que se dá durante o processo por inércia do autor.

Não existia posição unânime na doutrina nem na jurisprudência quanto ao tema.

O Supremo Tribunal Federal posicionava-se pelo cabimento da prescrição intercorrente na Justiça do Trabalho (Súmula n. 327): "O direito trabalhista admite a prescrição intercorrente".

Já o Tribunal Superior do Trabalho se posicionava de forma diferente (Súmula n. 114): **"PRESCRIÇÃO INTERCORRENTE.** É inaplicável na Justiça do Trabalho a prescrição intercorrente".

Com a reforma trabalhista de 2017, a discussão foi sepultada com a redação do art. 11-A da CLT:

> Art. 11-A. Ocorre a prescrição intercorrente no processo do trabalho no prazo de dois anos.
> § 1º A fluência do prazo prescricional intercorrente inicia-se quando o exequente deixa de cumprir determinação judicial no curso da execução.

A prescrição intercorrente ocorre na fase de execução, quando o credor deixa o processo sem movimentação por dois anos.

CAPÍTULO 23

Seguridade social

EVOLUÇÃO HISTÓRICA

A busca da garantia em face das vicissitudes da vida sempre foi uma grande preocupação da humanidade.

Já na Roma antiga, tinha a figura do *pater famílias*, cuja obrigação era a de prestar assistência aos servos e aos clientes, em uma primeira forma de associação, mediante a contribuição de seus membros, visando a ajuda aos que dela necessitassem.

A primeira manifestação legislativa que se tem notícia quanto à seguridade social data de 1601 na Inglaterra e ficou conhecida como Lei dos Pobres. Nesse período, a Inglaterra passou por um aumento populacional em que repercutiram em diversas cidades inglesas migrações de trabalhadores do campo para áreas urbanas a procura de trabalho, essas pessoas nem sempre eram absorvidas nos campos de trabalho e aumentava na Inglaterra o número de miseráveis que ficavam à mercê da sorte nas ruas inglesas, gerando grandes problemas sociais.

O grande marco da seguridade social se deu na Alemanha no século XIX, quando era chanceler Otto Von Bismarck, durante o reinado de Guilherme I.

Bismarck, a bem da verdade, simplesmente se antecipou aos socialistas, criando um seguro social com intuito único de salvar o partido Conservador alemão. Não era um santo preocupado com seus semelhantes, tanto que ficou conhecido como chanceler de ferro, tendo, entre outras atitudes para comprovar esse título, controlado os sindicatos com mãos também de ferro.

Os seguros sociais criados na Alemanha por Bismarck tinham caráter geral e obrigatório.

A partir de Bismarck, podemos dividir a história da seguridade social em três fases:

1. Período de formação: de 1883, com a edição da primeira lei de Bismarck até 1918, com o fim da Primeira Guerra Mundial.

    Neste período, as nações, espelhando-se na experiência alemã, passam a criar normas previdenciárias.

2. Período de expansão geográfica: vai de 1919, com a assinatura do Tratado de Versalhes, até 1945, com o fim da Segunda Guerra Mundial.

    Este período se caracterizou pelo aperfeiçoamento dos sistemas previdenciários das nações europeias e, ainda, por servir de exemplo para os países dos outros continentes na criação de sistemas de seguro/previdência social.

    Nos Estados Unidos, é criada a primeira lei sobre *social security*, e, na Inglaterra, o relatório de Lord Beveridge de 1942, que reformula o sistema de seguridade social nesse país. É nesse período que começa a expandir-se a ideia de um seguro social de administração centralizada.

3. O terceiro período atual, que começou com o fim da Segunda Guerra Mundial.

    Essa fase se caracterizou primeiramente pela transformação de um regime de previdência social para o de seguridade social, o que vem se concretizando atualmente.

No Brasil, a Constituição imperial de 1824 tratava em seu art. 179 da criação das caixas de socorros mútuos e, em 1834, um Ato Adicional estipulava a competência das Assembleias Legislativas para legislar sobre as casas de socorros públicos e outras de assistências.

O Código Comercial de 1850 previa que "os acidentes imprevistos e inculpados, que impedirem aos prepostos o exercício de suas funções não interromperão o vencimento de seu salário, contanto que a inabilitação não exceda três meses contínuos".

O famoso Regulamento n. 737, de 1850, garantia aos empregados acidentados no trabalho os salários por, no máximo, três meses.

O termo *aposentadoria* surge pela primeira vez na Constituição de 1891, sendo que esse direito era somente aos funcionários públicos em caso de invalidez no serviço da nação.

A primeira norma que instituiu no Brasil a Previdência Social foi o Decreto n. 4.682/23, que ficou conhecido como Eloy Chaves, nome de seu autor, que criou uma caixa de aposentadoria para os trabalhadores ferroviários.

Aos poucos, os benefícios da Lei Eloy Chaves foram estendidos aos demais trabalhadores.

Com a Constituição de 1934, foi criado o sistema tripartite de contribuição para a previdência: empregados, empregadores e governo, instituindo a obrigatoriedade da contribuição.

Com a Constituição de 1937, foram instituídos seguros de velhice, de invalidez, de vida e de acidentes do trabalho, sendo muito utilizada a expressão *seguro social*.

Em contrapartida, a Constituição de 1946 substituiu o termo seguro social por previdência social. Mantém-se o sistema obrigatório de contribuição pela União, por empregados e por empregadores.

Em 1966, é criado o Instituto Nacional de Previdência Social (INPS), fruto da unificação de todos os institutos de pensões até então existentes no país.

Em 1977, foi criado o Instituto Nacional de Assistência Médica da Previdência Social (INAMPS).

Com a promulgação da Constituição de 1988, a Previdência Social, a assistência social e a saúde passam a fazer parte do sistema da seguridade social.

Em 1991, são editadas duas leis de grande importância para todo o sistema da seguridade social: Leis ns. 8.212 e 8.213, a primeira tratando do custeio da seguridade social e a segunda dos benefícios.

SEGURIDADE SOCIAL

Segundo Sergio Pinto Martins:

> Seguridade social é um conjunto de princípios, de normas e de instituições destinado a estabelecer um sistema de proteção social aos indivíduos contra contingências que os impeçam de prover as suas necessidades e de suas famílias, integrado por ações de iniciativa dos Poderes públicos e da sociedade, visando assegurar os direitos relativos à saúde, à previdência e à assistência social. (*Direito da seguridade social*, 1999, p. 41)

Seguridade social é o gênero que abarca três espécies a saber: a previdência social, a assistência social e a saúde. A primeira trata a cobertura das contingências da vida, em razão de doenças, invalidez, velhice, desemprego, morte e proteção à maternidade. A assistência social cuida do atendimento aos hipossuficientes, ou seja, aquelas pessoas que nunca contribuíram para o sistema do seguro social, mas que necessitam de auxílio em um momento da vida. E, por fim, a saúde, que visa reduzir os riscos com doenças e outros problemas à saúde das pessoas, com a adoção de ações e serviços para a proteção e recuperação do bem-estar dessas.

CUSTEIO DA SEGURIDADE SOCIAL

Por custeio entendem-se todos os meios econômicos e financeiros obtidos e destinados à concessão e manutenção das prestações da seguridade social (Sergio Pinto Martins, ob. cit., p. 77).

As fontes de custeio advêm da União, dos empregadores e dos trabalhadores.

Toda pessoa que trabalha fica obrigada a contribuir para a seguridade social, podendo-se dividir os segurados em obrigatórios (empregado, trabalhador avulso e domésticos); obrigatórios individuais (autônomos, empresários etc.); obrigatórios especiais (produtor rural) e facultativos (donas de casa e estudantes).

As empresas também, como vimos, contribuem para a seguridade social, com 20%, no mínimo, sobre o total das remunerações pagas aos seus empregados.

BENEFÍCIOS DA SEGURIDADE SOCIAL

Os benefícios da seguridade social são aposentadoria por idade, invalidez, tempo de contribuição e especial, auxílio-doença, salário-família, salário-maternidade, seguro-desemprego e auxílio-acidente, todos esses devidos diretamente ao segurado.

Temos, ainda, a pensão por morte e o auxílio-reclusão, devidos aos dependentes.

Aposentadoria por idade

A aposentadoria por idade está prevista na Constituição da República no art. 201, § 7º, I:

> Art. 201. [...]
> § 7º É assegurada aposentadoria no regime geral de previdência social, nos termos da lei, obedecidas as seguintes condições:
> I – 65 (sessenta e cinco) anos de idade, se homem, e 62 (sessenta e dois) anos de idade, se mulher, observado tempo mínimo de contribuição;

O segurado deverá ter cumprido um prazo de carência de 180 contribuições para ter jus a essa aposentadoria.

O valor desse benefício será calculado sobre a média aritmética simples dos maiores salários de contribuição correspondentes a 80% de todo o período contributivo, multiplicada pelo fator previdenciário.

Aposentadoria por tempo de contribuição

Esse tipo de aposentadoria não existe mais no ordenamento constitucional brasileiro, pois foi excluída pela Emenda Constitucional n. 103/2019, mas a mesma emenda trouxe regra garantidora de direitos adquiridos a ser observada:

> Art. 15. Ao segurado filiado ao Regime Geral de Previdência Social até a data de entrada em vigor desta Emenda Constitucional, fica assegurado o direito à aposentadoria quando forem preenchidos, cumulativamente, os seguintes requisitos:
> I – 30 (trinta) anos de contribuição, se mulher, e 35 (trinta e cinco) anos de contribuição, se homem; e
> II – somatório da idade e do tempo de contribuição, incluídas as frações, equivalente a 86 (oitenta e seis) pontos, se mulher, e 96 (noventa e seis) pontos, se homem, observado o disposto nos §§ 1º e 2º.

Aposentadoria por invalidez

Essa será devida ao segurado que for considerado incapaz e insusceptível de reabilitação para o exercício de atividade que lhe garanta a subsistência e será paga enquanto permanecer nessa condição.

Nesse caso, a carência será de 12 contribuições mensais, sendo essa dispensada nos casos de acidente de qualquer natureza ou causa, ou no caso de, após o segurado filiar-se ao regime, for acometido de alguma das doenças especificadas em lista elaborada pelos Ministérios da Saúde e da Previdência Social.

No caso dessa aposentadoria, o valor corresponderá a 100% do salário de benefício.

Aposentadoria especial

A aposentadoria especial é devida ao segurado que tiver trabalhado sujeito a condições especiais que prejudiquem a saúde ou a integridade física, durante um certo lapso temporal.

Terá direito a esse benefício, o segurado que tiver trabalhado por 15, 20 ou 25 anos, conforme a atividade profissional, sujeito a condições especiais prejudiciais à saúde ou à integridade física, e regras de idade trazidas pela EC n. 103/2019 (55, 58 e 60 anos, respectivamente).

O segurado deverá ter carência de 180 contribuições, e seu benefício será de 100% do salário de benefício.

Auxílio-doença

Esse benefício é concedido ao segurado considerado temporariamente incapaz para o trabalho ou sua atividade habitual por mais de 15 dias consecutivos. Não será devido ao segurado que se filiar ao Regime Geral da Previdência Social (RGPS) já portador da doença ou da lesão tida como causa para sua concessão, exceto quando a incapacidade sobrevier por motivo de progressão ou agravamento dessa doença ou lesão.

Salário-família

A Constituição da República concedeu ao trabalhador de baixa renda o salário-família (art. 7º, XII), sendo que trabalhador de baixa renda é aquele que recebe até R$ 1.425,26 (janeiro de 2020).

O salário-família é pago mensalmente em cotas por filho ou equiparado de qualquer condição, até 14 anos de idade ou inválido de qualquer idade a esses segurados:
- ao empregado, pela empresa, com o respectivo salário, e ao trabalhador avulso pelo sindicato ou órgão gestor de mão de obra, mediante convênio;
- ao empregado e trabalhador avulso aposentados por invalidez ou em gozo de auxílio-doença, pelo INSS, juntamente com o benefício;
- ao trabalhador rural aposentado por idade aos 60 anos, se do sexo masculino, ou 55 anos, se do sexo feminino, pelo INSS, juntamente com a aposentadoria; e
- aos demais empregados e trabalhadores avulsos aposentados aos 65 anos de idade, se do sexo masculino, ou 60 anos, se do sexo feminino, pelo INSS juntamente com a aposentadoria.

Segundo a Portaria MF n. 914/2020, os valores do salário-família são esses:

> Art. 4º O valor da cota do salário-família por filho ou equiparado de qualquer condição, até 14 (quatorze) anos de idade, ou inválido de qual-

quer idade, a partir de 1º de janeiro de 2020, é de R$ 48,62 (quarenta e oito reais e sessenta e dois centavos) para o segurado com remuneração mensal não superior a R$ 1.425,56 (um mil, quatrocentos e vinte e cinco reais e cinquenta e seis centavos).

Salário-maternidade

Esse benefício é pago pelo INSS à segurada em decorrência do nascimento de filho, tendo por finalidade garantir o salário durante o seu afastamento do trabalho, com duração de 120 dias, com início no período entre 28 dias antes do parto e a data da ocorrência desse.

A carência do benefício varia em função da categoria da segurada.

Para as seguradas contribuinte individual, especial e facultativa, a carência é de dez contribuições mensais.

Para as seguradas empregada, trabalhadora avulsa e empregada doméstica, não há carência.

Quanto ao valor do benefício, este será, para a segurada empregada ou trabalhadora avulsa, igual a sua remuneração mensal.

Para a empregada doméstica, será o correspondente ao do seu último salário de contribuição.

Já, para a segurada especial, o equivalente a um salário mínimo.

E, por fim, para as seguradas contribuinte individual e facultativa, 1/12 da soma dos últimos 12 salários de contribuição, apurados em um período não superior a 15 meses.

Auxílio-acidente

Auxílio-acidente é o benefício previdenciário devido, como indenização, ao segurado empregado urbano, rural e doméstico, e também aos avulsos e ao especial, após a consolidação das lesões decorrentes de acidente, seja este qual for, mas desde que resulte em sequela definitiva que implique redução da capacidade para o trabalho habitualmente exercido; redução da capacidade para o trabalho que habitualmente exerce; exija maior esforço para o desempenho da mesma atividade que exerce à época do acidente; ou impossibilite o desempenho da atividade que exerce à época do acidente, porém permita o desempenho de outra, após processo de reabilitação profissional, nos casos indicados por perícia médica do INSS.

Não há carência para o recebimento desse benefício, tendo jus o segurado ao recebimento a contar do dia seguinte ao da cessação do auxílio-doença, independentemente de qualquer remuneração ou rendimento auferido pelo acidentado, proibida sua acumulação com qualquer aposentadoria.

O valor do benefício será correspondente a 50% do salário de benefício que deu origem ao auxílio-doença.

Seguro-desemprego

Esse benefício tem por finalidade prover assistência temporária ao trabalhador dispensado sem justa causa, inclusive a indireta, e ao trabalhador comprovadamente resgatado de regime de trabalho forçado ou da condição análoga à de escravo.

Terá direito ao recebimento desse benefício o trabalhador dispensado sem justa causa que comprove, cumulativamente, ter recebido salários de pessoa física ou jurídica, relativos a cada um dos seis meses imediatamente anteriores à data da dispensa; ter sido empregado de pessoa física ou jurídica ou ter exercido atividade legalmente reconhecida como autônoma, durante pelo menos 15 meses nos últimos 24 meses; não estar em gozo de nenhum benefício previdenciário, exceto auxílio-acidente e auxílio suplementar, bem como o abono de permanência em serviço; não estar em gozo de auxílio-desemprego e não possuir renda própria de qualquer natureza suficiente à sua manutenção e de sua família.

A carência para esse benefício é de 16 meses, contados da data da dispensa que deu origem à primeira habilitação, ou seja, a cada período aquisitivo de 16 meses o segurado tem direito ao seguro-desemprego.

Esse benefício é devido ao trabalhador desempregado por um período máximo variável de 3 a 5 meses, de forma contínua ou mesmo alternada, podendo ser retomado a cada novo período aquisitivo.

Para saber a quantas parcelas o trabalhador tem direito, devem ser observadas essas condições:
- três parcelas, se o trabalhador comprovar vínculo empregatício com pessoa jurídica ou pessoa física a ela equiparada, de no mínimo seis meses e no máximo onze meses, no período de referência;
- quatro parcelas, caso o trabalhador comprove vínculo empregatício com pessoa jurídica ou física, de no mínimo 12 meses e no máximo 23 meses, no período de referência; e
- cinco parcelas, se o trabalhador comprovar vínculo de emprego com pessoa jurídica ou pessoa física, de no mínimo 24 meses, no período de referência.

O pagamento do benefício ficará suspenso quando o trabalhador consiga novo emprego; passe a receber benefício de prestação continuada da previdência, exceto auxílio-acidente e pensão por morte e início de auxílio-desemprego.

E será cancelado o benefício quando haja recusa do trabalhador desempregado a outro emprego; por falsidade comprovada das alegações prestadas para sua a habilitação; por fraude visando à percepção indevida do benefício e por morte do segurado.

Auxílio-reclusão

Esse benefício é devido aos dependentes do segurado recolhido à prisão, que não estiver recebendo remuneração da empresa nem estiver em gozo de auxílio-doença, de aposentadoria, e será devido nas mesmas condições da pensão por morte, e precisa ter feito pelo menos 24 contribuições ao INSS.

A data de início do benefício será o momento do requerimento que deverá ser realizado até 90 dias depois da prisão e não ocorrerá pagamento retroativo.

O exercício de atividade remunerada do segurado recluso, em cumprimento de pena em regime fechado, não acarreta a perda do direito ao recebimento do auxílio-reclusão para seus dependentes.

Sendo solto por qualquer motivo o benefício será suspenso. A cada três meses os dependentes deverão fazer prova da continuidade da prisão do contribuinte.

O valor do benefício será de um salário mínimo.

Pensão por morte

A pensão por morte é o benefício devido aos dependentes do segurado em função da morte deste, e não existe carência para seu recebimento.

Se o óbito ocorreu a partir da EC n. 103/2019, o valor da pensão por morte para a esposa será equivalente a uma cota familiar de 50% do valor da aposentadoria recebida pelo falecido ou daquela a que teria direito se fosse aposentado por incapacidade permanente na data do óbito, acrescida de cotas de dez pontos percentuais por dependente, até o máximo de 100%.

Para ter direito ao auxílio-reclusão, é preciso comprovar que é dependente do segurado recluso. E o valor do benefício é dividido em partes iguais entre todos os dependentes.

De modo geral, o auxílio-reclusão tem o objetivo de assegurar a manutenção e a sobrevivência da família do segurado de baixa renda que contribuiu para o INSS durante sua vida laboral e que, assim, gerou o direito de ter sua família amparada em caso de reclusão, conforme assegurado pela legislação previdenciária.

CAPÍTULO 24

Normas trabalhistas no período da COVID-19

INTRODUÇÃO

No ano de 2020, o mundo conheceu um problema sério que foi a pandemia do coronavírus, que teve reflexos muito grandes nas relações de trabalho, pois, com a determinação de fechamento de empresas, o governo brasileiro teve de achar saídas para evitar desemprego.

Logo no início do período de isolamento social, o governo brasileiro editou uma Medida Provisória, a de número 927, que trouxe grandes previsões para solucionar os principais problemas trabalhistas que surgiram. Essa Medida Provisória foi editada para ser aplicada a trabalhadores, urbanos e rurais, e aos domésticos.

TELETRABALHO

O teletrabalho ou o trabalho remoto pode ser instituído por ato unilateral do empregador a empregados, estagiários e aprendizes, mediante notificação prévia com antecedência de 48 horas.

ANTECIPAÇÃO DE FÉRIAS

Mediante ato unilateral do empregador, este poderá conceder férias aos empregados, após notificação prévia de no mínimo 48 horas, indicando o período de férias que não poderá ser inferior a cinco dias.

As férias poderão ser concedidas mesmo se o empregado estiver no período aquisitivo, podendo as partes, ainda, por meio de acordo individual, antecipar períodos futuros de férias.

Deverá ser priorizado na concessão das férias os empregados do "grupo de risco" do covid-19.

Para as férias concedidas nesse período, o pagamento do 1/3 poderá ser realizado após as férias ou até a data do pagamento do 13º salário.

O abono pecuniário de parte das férias deverá ter a concordância do empregador.

O pagamento das férias poderá ser realizado até o 5º dia útil do mês seguinte ao início das férias.

Para a aplicação das férias coletivas, não será necessária a comunicação aos órgãos competentes como previsto na CLT.

ANTECIPAÇÃO DE FERIADOS

Os empregadores poderão antecipar feriados não religiosos, informando os empregados sobre a antecipação, com 48 horas de antecedência, e indicação expressa dos feriados antecipados.

Os feriados religiosos também poderão ser antecipados mediante concordância do empregado por meio de acordo individual escrito.

Feriados não religiosos poderão ser utilizados para compensar o saldo em banco de horas.

BANCO DE HORAS

Os empregadores que interromperem as suas atividades durante o período, poderão constituir regime de compensação de jornada, por meio de banco de horas e mediante acordo individual ou coletivo.

A compensação poderá ocorrer com prorrogação da jornada de trabalho em até duas horas diárias, não excedendo o total de dez horas diárias, durante o período de dezoito meses, a contar da data de encerramento do estado de calamidade pública.

SEGURANÇA E MEDICINA DO TRABALHO

Estão suspensas a exigibilidade dos exames médicos ocupacionais, clínicos e complementares, exceto dos exames demissionais, salvo se o médico responsável pela área verificar que a prorrogação cause risco à saúde do trabalhador.

Se o empregado realizou exame ocupacional há menos de 180 dias, poderá ser dispensado do exame demissional.

Os exames que forem suspensos deverão ser realizados no prazo de 60 dias após a data de encerramento do estado de calamidade pública.

Fica suspensa a obrigatoriedade de realização de treinamentos previstos nas normas regulamentadoras de segurança e saúde no trabalho, devendo a sua realização ocorrer no prazo de 90 dias contado da data de encerramento do estado de calamidade pública.

Poderá o empregador realizar o treinamento por EAD, desde que garanta aos empregados formas de realizar as atividades com segurança.

RECOLHIMENTO DO FGTS

Os empregadores podem recolher o FGTS referente às competências de março, abril e maio de 2020, e caso queiram, parcelar estes valores em até 6 parcelas mensais, a partir de julho/2020, sem incidência de multa, atualização e encargos, com vencimento no dia 7 de cada mês.

DOENÇA OCUPACIONAL

Os casos de contaminação pelo coronavírus (covid-19) não serão considerados ocupacionais, exceto mediante comprovação do nexo causal.

VENCIMENTO DE NORMAS COLETIVAS

As normas coletivas vencidas ou a vencer no prazo de 180 dias contado da data de entrada em vigor da MP n. 927/2020 poderão ser prorrogadas, após esse prazo, por mais 90 dias, a critério do empregador.

MEDIDAS EXCLUSIVAS PARA A ÁREA DA SAÚDE

Suspensão de férias e licenças

Os empregadores da área da saúde poderão suspender as férias ou licenças não remuneradas dos profissionais da área de saúde ou daqueles que desempenhem funções essenciais, mediante comunicação formal da decisão ao trabalhador.

Prorrogação da jornada

Por meio de acordo individual, poderá ser realizada a prorrogação da jornada de trabalho, ou adoção de escalas de horas suplementares entre a 13ª hora e 24ª hora, mesmo no caso dos empregados em escala 12 × 36, desde que garantido o repouso semanal remunerado.

As horas suplementares decorrentes desta prorrogação poderão ser compensadas no prazo de 18 meses, contado da data de encerramento do estado de calamidade pública, por meio de banco de horas ou remuneradas como hora extra.

Bibliografia

ALMEIDA, Amador Paes de. *Curso prático de processo do trabalho*. São Paulo: Saraiva, 1986.
BASTOS, Celso Ribeiro, Ives Gandra da Silva. *Comentários à Constituição do Brasil*. São Paulo: Saraiva, 1989. v. 2.
BERNARDES, Hugo Gueiros. *Direito do trabalho*. São Paulo: LTr, 1989. v. 1.
BOMFIM CASSAR, Vólia. Direito do trabalho. Rio de Janeiro: Método, 2017.
CALDERA, Rafael. *Relação de trabalho*. São Paulo: RT, 1972.
CARDONE, Marly A. Viajantes e pracistas no direito do trabalho. São Paulo: LTr, 1990.
CATHARINO, José Martins. *Compêndio de direito do trabalho*. São Paulo: Saraiva, 1992. v. 1.
CESARINO JR., A. F. *Direito social*. São Paulo: LTr/Edusp, 1980.
CHIARELLI, Carlos Alberto Gomes. *Trabalho na Constituição*. São Paulo: LTr, v. 1.
COSTA, José Ribamar da. *Noções de direito do trabalho*. São Paulo: LTr, 1986.
DELGADO, Maurício Godinho. *Curso de direito do trabalho*. São Paulo: LTr, 2016.
GENRO, Tarso Fernando. *Direito individual do trabalho*. São Paulo: LTr, 1985.
GONÇALVES, Emílio. *O poder regulamentar do empregador*. São Paulo: LTr, 1985.
____. *Carteira de trabalho e previdência social*. São Paulo: Saraiva, 1977.
GIGLIO, Wagner D. *Direito processual do trabalho*. São Paulo: LTr, 1988.
GOMES, Orlando; GOTTSCHALK, Elson. *Curso de direito do trabalho*. Rio de Janeiro: Forense, 1990.
JAVILLIER, J. C. *Manual de direito do trabalho*. São Paulo: LTr, 1988.
LAMARCA, Antonio. *O livro da competência*. São Paulo: LTr, 1979.
LIMA, Francisco Meton Marques de. *Elementos de direito do trabalho e processo trabalhista*. São Paulo: LTr, 1990.
____. *Lições de direito trabalhista*. São Paulo: LTr, 1992.
MAGANO, Octávio Bueno. *Os grupos de empresas no direito do trabalho*. São Paulo: RT, 1979.
____. *Manual de direito do trabalho*. São Paulo: LTr, 1991. v. 3 e v. 4.
MANUS, Pedro Paulo Teixeira. *Direito do trabalho*. São Paulo: Atlas, 1993.
____. *CLT Universitária*. São Paulo: Atlas, 1993.
MARANHÃO, Délio. *Direito do trabalho*. São Paulo: Fundação Getúlio Vargas, 1979.

MARTINS, Adalberto. *Manual didático de direito do trabalho*. 6. ed. São Paulo: Malheiros. 2019.
MARTINS, Sérgio Pinto. *Direito processual do trabalho*. São Paulo: Atlas, 1993.
_____. *Direito do trabalho*. 3. ed. São Paulo: Malheiros, 1996.
_____. *Manual do FGTS*. São Paulo: Malheiros, 1997.
_____. *Contrato de trabalho de prazo determinado e banco de horas*. São Paulo: Atlas, 1998.
MORAES FILHO, Evaristo de; MORAES, Antonio Carlos Flores de. *Introdução ao direito do trabalho*. São Paulo: LTr, 1991.
MESQUITA, Luiz José de. *Direito disciplinar do trabalho*. São Paulo: LTr, 1991.
NASCIMENTO, Amauri Mascaro. *Curso de direito do trabalho*. São Paulo: Saraiva, 1981. v. 1.
_____. *Manual do salário*. São Paulo: LTr, 1985.
_____. *Comentários à lei de greve*. São Paulo: LTr, 1989.
_____. *Direito do trabalho na Constituição de 1988*. São Paulo: Saraiva, 1989.
_____. *Iniciação ao direito do trabalho*. São Paulo: LTr, 1992.
OLIVEIRA, Francisco Antonio de. *A execução na justiça do trabalho*. São Paulo: RT, 1991.
_____. *Comentários aos enunciados do TST*. São Paulo: RT, 1991.
OLIVEIRA, Fábio Leopoldo de. *Curso expositivo de direito do trabalho*. São Paulo: LTr, 1991.
PAULA, Carlos Alberto Reis de. *O aviso-prévio*. São Paulo: LTr, 1988.
PEREZ DEL CASTILLO, Santiago. *O direito de greve*. São Paulo: LTr, 1993.
PINTO, José Augusto Rodrigues. *Execução trabalhista*. São Paulo: LTr, 1988.
PRUNES, José Luiz Ferreira. *As gorjetas no direito brasileiro do trabalho*. São Paulo: LTr, 1982.
_____. *Tratado sobre a prescrição e a decadência no direito do trabalho*. São Paulo: LTr, 1998.
RODRÍGUEZ, Américo Plá. *Princípios de direito do trabalho*. São Paulo: LTr/Edusp, 1993.
RUPRECHT, Alfredo J. *Os princípios do direito do trabalho*. São Paulo: LTr, 1995.
RUSSOMANO, Mozart Victor. *O empregado e o empregador no direito brasileiro*. São Paulo: Forense, 1984.
_____. *Comentários à CLT*. Rio de Janeiro: Forense, 1990.
SAAD, Eduardo Gabriel. *Constituição e direito do trabalho*. São Paulo: LTr, 1985.
SANTORO, Passarelli, F. *Noções de direito do trabalho*. São Paulo: RT, 1973.
SILVA, Antônio Alvares da. *Proteção contra a dispensa na nova Constituição*. São Paulo: LTr, 1992.
SILVA, Carlos Alberto Barata. *Compêndio de direito do trabalho*. São Paulo: LTr, 1976.
SOUZA, Ronaldo Amorim e. *Manual de legislação social*. São Paulo: LTr, 1992.
TEIXEIRA, João Regis F.; SIMM, Zeno. *Teoria e prática do direito do trabalho*. São Paulo: RT, 1981.
TEIXEIRA FILHO, Manoel Antonio. *A prova no processo do trabalho*. São Paulo: LTr, 1988.
ZAINAGHI, Domingos Sávio. *Justa causa para despedida*. São Paulo: Carthago e Forte, 1993.
_____. *A justa causa no direito do trabalho*. São Paulo: Malheiros, 1995.
_____. *Os atletas profissionais de futebol no direito do trabalho*. São Paulo: LTr, 1998.
_____. *Consolidação das Leis do trabalho*. São Paulo: LTr, 1998.
_____. *Nova legislação desportiva*: aspectos trabalhistas. 2. ed. São Paulo: LTr, 2004.
_____; ZAINAGHI, Luis Guilherme Krenek. *Anotações á reforma trabalhista*. São Paulo: LTr, 2018.
ZANGRANDO, Carlos Henrique da Silva. *A greve no direito brasileiro*. Rio de Janeiro: Forense, 1994.

Índice remissivo

A
Abono de férias 79
Acordos coletivos 20
Adjudicação 158
Advogado 112
Aeronautas 113
Aeroviário 115
Ajuda de custo 67
Alteração da empresa 45
Alteração do contrato de
 trabalho 90
 alteração bilateral 90
 alteração unilateral 91
 não prejudicial 90
Analogia 25
Aplicação da norma mais
 favorável 13
Aposentadoria
 especial 167
 por idade 166
 por invalidez 167
 por tempo de contribuição 167
Aprendiz 125
Aprendizagem 125
Artista 112
Assédio moral 133
 ascendente 134
 descendente 134
 horizontal 134
Assédio sexual 134
Atividades insalubres e
 perigosas 131
Atletas profissionais 111
Atos de alienação 158
Autonomia sindical 135
Auxílio-acidente 169
Auxílio-doença 168
Auxílio-reclusão 171
Aviso-prévio 117
 conceito 117
 irrenunciabilidade 118
 nova sistemática 118

B
Bancários 107
Benefícios 69

C
Cabineiros de elevador 111
Carta del Lavoro 8

Carteira de Trabalho e
  Previdência Social 53
Centrais sindicais 137
Cláusulas contratuais 23
CLT 19
Comerciantes 6
Comissão interna de prevenção de
  acidentes – CIPA 133
Concessão de férias 80
  formalidades 80
Constituição 19
Contratação 51
  formas 51
Contrato de safra 58
Contrato de trabalho 50, 90, 94, 99
  alteração 90
  descanso durante a vigência 60
  experiência 97
    suspensão 97
  intermitente 55
    requisitos para a
      celebração 56
  natureza jurídica 50
  prazos 54
  suspensão e interrupção 94
  terminação 99
Convenções coletivas 19
Corporações de ofício 5
Costumes 24
COVID-19 173
  antecipação de feriados 174
  antecipação de férias 173
  banco de horas 174
  doença ocupacional 175
  medidas exclusivas para a área
    da saúde 176
    prorrogação da jornada 176
    suspensão de férias e
      licenças 176
  recolhimento do FGTS 175
  segurança e medicina do
    trabalho 174, 175
  teletrabalho 173
  vencimento de normas
    coletivas 175

D

Décimo terceiro salário 72
Demissão 100
Despedida indireta 104
Despedida por justa causa 102
Diárias 67
Diarista 36
Digitador 111
Direito 11
  princípios gerais 11
Direito coletivo do trabalho 135
Direito de férias 77
Direito de greve 146
Direito do trabalho 1, 4, 26
  aplicação 26
  campo do direito 2
  história brasileira 9
  história mundial 4
  princípios 11
Duração semanal 60

E

Embargos à execução 157
Empregado 28, 32
  caracterização 29
  doméstico 32
  rural 37
Empregador 30, 41
  definição 41
  dependência 30
  despersonalização 48
  poderes 42
Equidade 25

Equiparação salarial 69
Escravidão 5
Estabilidade 82
  provisórias 89
Estagiários 40
Execução da sentença 156

F
Férias 62, 77
  abono 79
  anuais remuneradas 77
    pagamento em dobro 79
    perda do direito 81
    remuneração 78
  coletivas 80
Feudalismo 5
Fonte 18
  do direito do trabalho 25
  hierarquia 25
  formais 18
  materiais 18
Fundo de Garantia do Tempo de Serviço 82
  aplicação dos recursos 82
  arrecadação 83
  data para recolhimento 89
  definição 82
  despedimento do empregado 88
  estabilidade 89
  gestão 82
  saques dos depósitos 83

G
Garantia de emprego 89
Gestante 124
  estabilidade e licença 124
Gorjeta 67
Greve 146
  aspectos gerais 146
  direito brasileiro 148
  evolução histórica 147
  serviço público 150
Grevistas 148
Grupo de empresas 47

H
Higiene 129
Horas extras 62

I
Interpretação das normas trabalhistas 26
  extensiva 27
  gramatical 27
  livre pesquisa científica 27
  restritiva 27
  teleológica 27
  tradicional 27
Interrupção do contrato de trabalho 95
Isolamento social 173
Ius mercatorum 3

J
Jornada de trabalho 60
Jornada noturna 64
Jornalistas 110
Juízes do trabalho 154
Jurisprudência 23
Justiça do Trabalho 151
  características 151
  competência 151
  organização 152

L
Legislação social 1
  campo de atuação 2
  conceito 1
  relação com outros ramos 2

Legislação trabalhista 8
Lei n. 605 75
Leis 19
Liberdade sindical 135
Locaute 149

M
Manifesto do Partido Comunista Alemão 7
Mercadoria 3

N
Natureza jurídica do contrato de trabalho 50
  adesão 51
  comutativo 51
  consensual 50
  natureza privada 50
  oneroso 51
  sinalagmático perfeito 50
  subordinativo 51
  sucessivo 51
Normas especiais de proteção ao trabalho 107
  advogado 112
  aeronautas 113
  aeroviário 115
  artista 112
  atletas profissionais 111
  bancários 107
  cabineiros de elevador 111
  digitador 111
  jornalistas 110
  operadores cinematográficos 109
  professores 110
  serviço ferroviário 109
  serviços de frigoríficos 110
  telefonista 109
Normas trabalhistas 26
  interpretação 26

O
Operadores cinematográficos 109

P
Pensão por morte 171
Período
  aquisitivo 77
  concessivo 78
Pessoalidade 29
Poder
  diretivo 42
  disciplinar 43
  regulamentar 42
Prescrição 160
  conceito 160
  intercorrente 162
  previsão legal 160
  requisitos 161
Previdência social 53
Princípio da boa-fé 16
Princípio da condição mais benéfica 13
Princípio da continuidade da relação de emprego 14
Princípio da irrenunciabilidade 14
Princípio da primazia da realidade 15
Princípio da proteção 13
Princípio da razoabilidade 12, 16
Princípio do contraditório e da ampla defesa 12
Princípio do devido processo legal 12
Princípio do duplo grau de jurisdição 12
Princípio do *in dubio pro misero* 14

Processo trabalhista 154
Professores 110
Proteção ao salário 70
Proteção ao trabalho 120
   aprendiz 125
   gestante 124
   justificativa 120
   trabalho da criança e do adolescente 124
   trabalho da mulher 121

R
Recursos 155
Redução salarial 93
Reforma Trabalhista 20
Regulamentos de empresa 23
Relação de emprego 1
Remição 158
Remuneração 66
Repouso anual 62
Repouso semanal 62
   remunerado 73
     escorço histórico 73
     fundamentação constitucional 74
Rerum Novarum 7
Rescisão 99
   por demissão 101
   por despedimento 101
Resilição 99
Resolução 99
Revolução Francesa 7
Revolução Industrial 7
Rito sumaríssimo 159

S
Salário 31, 66, 70
   proteção 70
Salário-família 168
Salário *in natura* 68

Salário-maternidade 169
Segurança e medicina do trabalho 129
   assédio moral 133
   atividades insalubres e perigosas 131
   CIPA 133
Seguridade social 163
   benefícios 166
   custeio 166
   evolução histórica 163
Seguro-desemprego 170
Sentença normativa 23
Serviço
   de frigoríficos 110
   ferroviário 109
   não eventuais 30
Servidão 5
Sindicatos no Brasil 135
   convenções e acordos coletivos de trabalho 141
   federações e confederações 137
   funções do sindicato 139
   organização sindical 136
   receitas dos sindicatos 139
Sobreaviso 64
Sucessão 45
Suspensão do contrato 95
   de trabalho de experiência 97

T
Telefonista 109
Terceirização 37
Terminação do contrato de trabalho 99
   por acordo 105
Trabalhador 28
   autônomo 32
Trabalho 1
   da criança e do adolescente 124

da mulher 121
  Lei Maria da Penha 124
escravo 4
pessoal 29
temporário 39
Transferência do empregado 92
Tribunais Regionais do
  Trabalho 153
Tribunal Superior do
  Trabalho 153

U
Usos 24

V
Vendedor com vínculo de
  emprego 59